MARIO LUIS LÓPEZ ISLA

I0101422

MANOJO DE
RECUERDOS

EDITORIAL LETRA VIVA
CORAL GABLES, LA FLORIDA

PREMIO DEL CONCURSO NACIONAL LITERARIO *BENITO PÉREZ GALDÓS* 2001 DE LA ASOCIACIÓN CANARIA DE CUBA *LEONOR PÉREZ CABERA* Y EL GOBIERNO DE CANARIAS (ESPAÑA).

MARIO LUIS LÓPEZ ISLA

Prólogo

Mario Luis López Isla ha tenido una oportunidad singular, que ha aprovechado al máximo. Mis abuelos también cruzaron el mar para adentrarse en este mundo mágico, diferente, fantástico que fue y es Cuba para los canarios. Ellos, como Francisco Pérez González, dejaron su infancia y adolescencia entre riscos, barrancos y cañadas para venirse al paraíso de los llanos, los ríos, la abundancia.

La singularidad de "Manojo de recuerdos. Memorias de un isleño en Cuba" está en el respeto, casi absoluto, de la forma de expresarse y de contar de este isleño que se aplatanó en Cuba, pero que conserva parte del léxico propio de los canarios y muestra la influencia del habla popular, de sus frases, refranes, etc., en todo un proceso de transculturación.

Es un testimonio para la reflexión, que despierta la sonrisa y, a veces, un asomo de lágrimas, porque es una historia dura, dolorosa, de alguien que ha regado con su sudor el campo durante muchos años, pero que tiene la capacidad de seducirnos con una sensibilidad enternecedora.

Es un espejo donde pueden mirarse aquellos que vivieron esa época, pero es además un testimonio de la emigración que viven cientos de hombres y mujeres en muchas partes del mundo.

Quizás para Pancho y para tantos canarios que se asentaron en Cabaiguán a finales del siglo XIX y principios del XX, el tabaco fue la fuente de vida, y por lo tanto, eso lo llevó a convertirse en especialistas con fama en toda Cuba como excelentes vegueros, por sus conocimientos en las labores del cultivo y elaboración de esta planta.

En ese ambiente rural, Pancho no escapa a la superstición y en este libro cuenta historias sobre brujas, fantasmas, aparecidos, curaciones milagrosas: todas comunes al mundo fantástico imaginario de Canarias y Cuba. Como un emigrante más, este isleño se involucró en la vida cultural de su entorno, en las celebraciones de fiestas religiosas trasplantadas desde las Islas a Cuba, la lucha canaria, y asistió a los guateques (tenderetes) guajiros donde se iba a beber, a cantar, a bailar y a escuchar a los poetas *decimistas* con sus tradicionales puntos cubanos.

Un "Manojo de recuerdos", tiene el mérito de ser un texto donde se cuenta desde la experiencia vital de un hombre despierto, vivaz en su pensamiento y palabra; tiene la virtud de no aburrirnos y de hacernos agradable la lectura, porque Pancho es un personaje popular de esos que se lanza al ataque, no importa la contienda, exagera, fantasea y narra, para deleite de su auditorio y que no ha perdido, a pesar de sus más de noventa años, la capacidad de asombro.

Mario Luis López Isla, historiador de profesión y escritor, presidente del Comité Municipal de la

UNEAC en Cabaiguán, tiene publicados numerosos libros sobre temas canarios, algunos en el género de testimonio; dos de ellos tienen como protagonistas a inmigrantes, el primero, al poeta Manuel "Cuquillo", el mejor versador canario de todos los tiempos y el segundo, al "Hombre Rojo" o "Cañambrú", otro isleño que hizo historia y leyenda, por sus dotes mágicas y su vida de bandolero. Ambos vivieron en tierras cabaiguanenses o en sus cercanías y a diferencia de Pancho, Mario Luis les tejió la memoria con búsqueda en periódicos, libros y entrevistas a muchos informantes, pero el testimonio de Francisco Pérez González está contado desde su *yo interior*, con sus palabras, sus frases, y con una cosmogonía propia, que el autor agrupa en capítulos asumidos desde temáticas cercanas, para facilitarle al lector adentrase en este mundo maravilloso y conmovedor a la vez. Este libro fue premiado en el concurso nacional literario "Benito Pérez Galdós", convocado por la Asociación Canaria de Cuba "Leonor Pérez Cabrera" y el Gobierno de Canarias, en mayo de 2001, por su excelencia artística y su poder de comunicación. Esperamos que quede en la memoria de todo aquel que se adentre en su lectura, para siempre o por mucho tiempo, este "Manojo de recuerdos".

Marlene E. García Pérez
Escritora y editora.

MARIO LUIS LÓPEZ ISLA

Introducción

Desde hace años, cuando temprano en la mañana abro la puerta de casa, lo primero que veo es a un anciano isleño sentado en el portal, con la mente perdida, puesta en algo que sólo él conoce, pero que indudablemente, tiene que ver con su rico pasado cargado de historia e intimidades.

Día tras día, saludo a aquel curtido y, a la vez, tierno hombre, jorobado por el trabajo en el campo y por sus más de noventa años, de piel muy arrugada y casi ciego, pero de un corazón noble como pocos y de una memoria tan lúcida, que en ocasiones asombra a su interlocutor. Es Francisco Pérez González, nacido en Tenerife, pero que desde no recuerda cuando, lo conocen simplemente por *Pancho*.

Si se le aborda en el parque, o en la Sociedad, como llama tradicionalmente a la sede de la Asociación Canaria de nuestro pueblo, puede apreciarse que en cada conversación afloran en sus labios los recuerdos de una larga vida en la tierra que lo acogió como a un hijo y donde ha dejado una nutrida descendencia. Vive orgulloso de su pasado como agricultor y de su capacidad para el trabajo en el campo. Cualquiera puede escucharle decir:

9

*Isleños como yo, bravos para el trabajo en el ta-
baco, pueden haber nacido muchos. Las madres
canarias son buenas paridoras de hombres du-
ros para la tierra, pero más largos, lo dudo,
cuando ya me puse cujia'o de verdad y cogí veintipico o treinta años, me pegaba con cualquiera.*

Pancho se ha convertido en un símbolo de esos
hombres y mujeres, que cruzando el Océano
Atlántico, en las tres primeras décadas del siglo
XX, a bordo de los míticos vapores de la emigración, llenaron los campos del centro de la Isla,
fundamentalmente las zonas de Remedios, Ca-
majuaní, Vueltas, Placetas, Cabaiguán, Guayos,
Zaza del Medio, Taguasco y Tamarindo, por sólo
mencionar algunas y se consagraron al trabajo
para dejarnos una herencia de honestidad, labo-
riosidad, cultura, hábitos y costumbres de indu-
dable valor.

Mi abuela paterna fue inmigrante, mi abuelo
materno también. Yo nací rodeado de canarios y
siempre he vivido entre ellos y realmente no podía ser de otra manera, pues en mi pueblo la mayoría de los habitantes somos sus descendientes,
por lo que desde hace mucho tiempo he trabajado el tema con el interés de dar a conocer sus
particularidades, que forman parte de nuestra
identidad cultural local.

Consciente del privilegio que significó para mí,
en 1996, acompañar a Pancho en su única visita
al Archipiélago, me he dedicado, pacientemente,
a conversar con él y a entrevistarlo esporádica-
mente, teniendo en cuenta su avanzada edad,
convencido de que sus valiosos testimonios bien

podrían servir para un libro, tomando en consideración la riqueza de sus narraciones, la elocuencia de su comunicación y la inteligencia natural que posee. Hoy me he decidido a hacerlo.

Nacido en Tenerife el 4 de octubre de 1909, sus recuerdos los he ordenado por hechos y temas, intentando conformar un orden cronológico, que ayude al lector a captar y a comprender anécdotas de las diferentes etapas de su vida en Cuba, y su adaptación al medio socioeconómico que encontró en las primeras décadas del siglo pasado; sin embargo, me he cuidado de no conformar una biografía, sino un texto testimonial, novelado, preciso, que concentre un grupo de sus recuerdos, en algo así como un puñado de memorias, porque según sus propias palabras: "Un manojo es lo que cabe dentro de la mano". Para lograr lo anterior, he tenido que conocer profundamente su carácter, su personalidad y su manera de expresarse. He respetado la forma y el lenguaje con que trasmitió sus recuerdos, incluso, con algunas inexactitudes propias de su edad; sin embargo, ha sido necesario eliminar repeticiones, frases incorrectas y dar coherencia a la narración, brindándole prioridad al contenido histórico, aunque con ayuda de la literatura. Las frases, dichos, palabras y giros, que consideré indispensables para contribuir a la autenticidad, las he conservado en el texto, pero con el claro objetivo de no abusar de los mismos, en beneficio de la lectura.

La intención es que quien se adentre en estas

páginas, se relacione e identifique con el personaje, que su monólogo fluido le llegue como si no existiera un mediador, como si le escuchara personalmente contar su vida y sus anécdotas, en fin, que sus memorias sean trasmitidas como el diálogo ameno y humano que él desarrolló, eludiendo el preciosismo. Si al final, el libro cumple con ese propósito, el esfuerzo ha sido válido. El propio Pancho se ha referido a esa característica suya:

A mí siempre me ha gustado hablar claro, contar las cosas de forma que los otros las entiendan, es muy bonito meterse adentro de la gente, relacionarse con todos y eso lo hacemos porque somos personas.

Además de los testimonios del informante[1], aparecen datos y fechas suministrados por su hija Gladys Pérez García, y las notas han sido elaboradas o enriquecidas con la bibliografía que al final se relaciona.

El Autor.

---

[1] Pancho falleció mucho tiempo después de la culminación de este libro, en el año 2007.

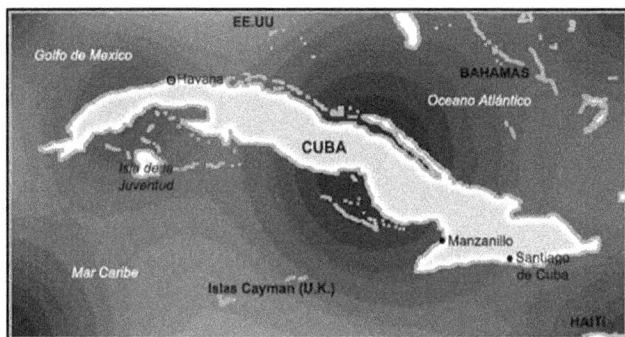

MARIO LUIS LÓPEZ ISLA

A MANERA DE PREFACIO:
DE NUEVO EN EL AYER

Yo en mi vida, casi nunca, pensé regresar a Canarias. Me parece que la única vez, fue acabadito de llegar a Cuba con siete años, cuando papá me cogió el lomo y *enfilé*, inocentón como era, por dentro de un guayabal para ver si daba con mi casa, allá en Tenerife. Pero de aquello, a montar en un avión de los grandes, con aire acondicionado y todo, y llegar hasta donde nací, con ochenta y siete años, es un regalo de la divinidad; bueno, no sólo de la divinidad, sino también del alcalde del Realejo que nos invitó en 1996, a un montón de isleños viejos y a músicos de Cabaiguán, a las fiestas de su pueblo.[2]

Lo primero que vimos, después de tantas horas allá arriba fue el Teide[3], estaba entre las nubes,

---

[2] En julio de 1996, durante la celebración del Quinto Centenario de la villa de Los Realejos, el Ayuntamiento de ese municipio, y especialmente su alcalde, organizaron el viaje de inmigrantes canarios radicados en Venezuela y Cuba, así como de artistas, escritores y autoridades. De Cabaiguán, el mayor asentamiento canario en Cuba en el siglo XX, asistieron treinta personas: la Presidenta municipal, seis ancianos inmigrantes, un acompañante, un escritor y el Grupo Isleño Tradicional de Pozas, representante del folclore de las Islas Canarias en Cuba.

[3] Montaña de origen volcánico, situada en la isla canaria de

y nos guiaba como cuando de muchachos buscábamos las cañadas; yo lo miraba embobecido, pero sin querer lo traicioné cuando dijeron que aterrizaríamos en Gran Canaria, porque cambié la vista y lo dejé atrás, mientras buscaba los picos de la otra isla. No estaba claro si todavía los chicharreros y los canariones se tenían roña, pero como a mí se me habían amontonado todos los nervios en la cabeza, me daba lo mismo *Juana que su hermana*, lo mío era llegar a Canarias, que para mí es una sola.

Aquello fue la felicidad, el alcalde y otros amigos nos estaban esperando, nos abrazaron, nos dieron un brindis y nos llevaron a pasear en guagua por las calles. Yo nunca había estado en esa isla, porque cuando vine para Cuba cogí el barco en Santa Cruz, pero todos aquellos carros nuevos y los edificios de tantos colores, no me daban la tierra que yo conocía. Recuerdo que fuimos hasta una fábrica de agua en botellas, ¡Virgencita de la Caridad![4], cuando allá en San José, mamá y todos nosotros teníamos que caminar un trozo grande para ir a la fuente, hasta volver con una *zoncera* tremenda, de tanto ir y venir.

El único barco que yo había montado en mi vida era el que cogí de vejigo para venir a Cuba, se llamaba "Conde Wilfredo" y era un vapor español grandísimo que echaba humo por las chimeneas; por el tamaño y las condiciones, lo usa-

---

Tenerife, es la elevación mayor de toda España, con una altitud de 3 718 metros sobre el nivel del mar.
[4] Patrona de Cuba.

ban para pasar el océano. Eso fue en 1916 y hacía tantos años que era como para no acordarse, pero yo tengo una memoria tremenda, así que cuando nos dijeron que íbamos del avión para el puerto, a montar en el barco que daba viajes a Tenerife, no pensé en uno como aquel gigante, sino en uno de los *correillos* chiquitos que mentaba papá. Resultó que cuando llegamos al muelle lo único que vi fue una lancha grande, con forma de cohete o de avión sin alas, pintada de blanco, con líneas azules y verdes, y de lo más moderna, con dos pisos y todo; entonces, dígole a uno: "Oiga, ¿en ese tareco nos vamos para Tenerife?". "Sí, abuelo", me respondió muy campante, como si aquella cosa fuera de fiar. Pero nada, monté asiscado y poco a poco se me fue quitando el susto. La verdad que aquel *Jefoi* [5], como lo llamaba todo el mundo, volaba por arriba del mar; yo me agarré al asiento con todas mis fuerzas, cerré los ojos y me acordé de mamá, que siempre decía: "*Perro que ladra no muerde*", y como hacía cantidad de *bulla*, fui cogiendo confianza. En ese momento tan difícil, medio que le respondí a mamá con otro dicho, uno que siempre me ha gustado mucho: "*Cuando la yagua está para uno, no hay vaca que se la coma, ni isleño que la*

---

[5] Los barcos, tipo Jet Foil, cubren la distancia entre Tenerife y Gran Canaria y viceversa, en sólo 80 minutos, operados por la Compañía Trasmediterránea. Su modelo es Kawasaki Jet Foil 929 - 118, con una eslora total de 27,4 metros, capacidad para 267 toneladas, una velocidad de crucero de 43 nudos y espacio para 286 pasajeros, en dos clases diferentes.

recoja", porque aquel barquito era el que me tocaba, y oiga, "*Al que le tocó, le tocó*". La cuestión fue que al final no pasó nada malo, al contrario, cuando abrí los ojos ya estaba en Santa Cruz. Digo: "¿Pero señores, estas islas las pegaron?", algunos se rieron de mí, pero aquella velocidad no era normal, ni para los inventos más modernos, así que en sus adentros más de uno debió haber sentido las cosquillitas que a mí no se me quitaban.

En el Realejo nos pusieron pegados al Puerto de La Cruz, en el piso once del Hotel Maritim, que era una felicidad de hotel de primera, con espejos, alfombras y escaparates de madera preciosa. En un cuarto nos juntaron a mí y a José Julián, otro isleño viejo que había nacido en Icod El Alto y que también estaba asustado con aquellos lujos. Como yo siempre he sido tremendo registrón, me metí en el baño y empecé a revisar las llaves del agua; esta salía fría, tibia y caliente y dígole a José Julián: "Hay agua tibia, vamos a bañarnos antes de bajar a comer", y entonces él, contentísimo y sin preguntarme más nada, se metió en la bañadera. Los gritos deben haberse oído en China, porque el agua hirviendo le cayó en el lomo desnudo; como se iba a caer yo me lo eché al hombro y lo tiré en la cama. Dígole: "Carajo, José Julián, ¿tú eres bobo?, tenías que pedirme ayuda para tibiarte el agua, estás pelado como un cochinato". Pero nada, parece que el clima de por allá es de lo más bueno para curar quemaduras, porque al otro día estaba de lo más bien, y se dio una *jartera* de gofio con leche y azúcar, que parecía una *chincha*.

Enseguida empezaron los paseos, y también la risita nerviosa, cada rato que pasaba yo estaba más asombrado, porque lo que recordaba de Tenerife eran barrancos, riscos, trillos, caminos de piedra y casas de barro, y en vez de eso, había autopistas, anuncios de luces que te deslumbraban y un millón de carros de todos los colores; al principio pensé que estábamos equivocados, que aquello no era Canarias, ¡cómo había cambiado todo eso, compadre! Pero de paso, como buen isleño, también aproveché para tomar vino; a mí me encanta el vino tinto, el blanco y el rosado, ¡bueno, que me gustan todos! Cada vez que uno llegaba a un pueblo o a una casa distinta te lo daban a probar, y te decían que aquel era el mejor de la isla, y yo me aconsejaba: "Pancho, tú no metas la pata, no los ofendas, diles siempre que el de ellos es el mejor"; la verdad es que todos eran buenísimos, y todos vivían orgullosos de su trabajo en los viñedos, en la vendimia y en el lagar. Eso es igual que cuando uno era sembrador de tabaco en Cuba y le regalaba un par de mazos a un amigo o a un conocido, ¿quién carajo se atrevía a decirte que tu tabaco no era el más bueno? ¡Cuidadito con eso!

Desde que llegamos los viejos, todo el mundo empezó a buscarnos la familia, y un día apareció la de Siverio, al otro la de "Chamizo" y la de Margarita, y así con todos, hasta que me quedé solo en el hotel, pero con un montón de amigos tratando de encontrar a mis parientes. Como a los

seis días se me apareció una periodista y preguntó frente a la carpeta: "¿Quién es Francisco
Pérez González?", y como aquello me dio buena
espina, brinqué como un chivo y le dije: "Un ser-
vidor". La muchacha me miró y parece que le
hice gracia, porque me tiró el brazo por arriba
del hombro y me dijo: "Traigo orden de su encar-
gada de dar hoy con su familia, así que dígame
qué rumbo cogemos". Yo que estaba loco por
arrancar, y como la vi tan decidida, le dije: "Se-
ñorita, me lleva a San Juan de la Rambla, y de
allí a la iglesia de San José".

Cogimos toda aquella carretera y cuando yo
pensaba que estábamos saliendo, me dijo: "Ya
está usted en San Juan de la Rambla". La verdad que yo miraba y miraba y aquello me parecía otro pueblo, no reconocía nada por allí, pero
como lo que importaba era partir recto para San
José, le dejé vía libre a la periodista. Ella se rió
un poco y dio la vuelta por La Guancha, dicién-
dome: "¿Ya no se acuerda, abuelo, usted quiere
subir toda esa loma?, yo me quedé callado como
un caballero, porque *más sabe el diablo por
viejo, que por diablo*, y estaba claro que con ese
desvío, en vez de cortar camino, nos demorába-
mos más; de todas formas, no podía ser malagra-
decido, bastante estaba haciendo la pobre por
mí.

Cuando llegamos a la iglesia de San José,
dígole a ella: "Esto está transparente, la iglesia
era por la parte sur, pero la cambiaron de
rumbo". Así y todo no me perdí, como estaba res-

pirando sabroso fui a dar a la primera casa y toqué, porque hoy en Canarias no es como en
Cuba, que las puertas están abiertas o entrejun-
tas y uno puede hasta llamar en voz baja o alta,
cómo quieras. Nos salió una mujer como de setenta años y cuando se *topó* con nosotros y le dije
que era un isleño que me había ido de niño para
Cuba, se me tiró arriba y me abrazó, porque ella
tenía muchísimos parientes aquí. Dígole: "Señora, yo ando buscando mi familia de San José",
y me respondió: "¡Ay cubano, yo le ayudo en lo
que sea, no se preocupe que encontraremos a los
suyos porque yo soy nacida y crecida aquí, y no
hay gente en estos parajes que no conozca!".

Eso me dio más esperanzas todavía, y para que
viera que yo no estaba tan perdido le dije: "¿Usted conoció, en San José, a *La Caraqueña*?, y
ella, con los ojos echando chispas, me respondió:
"Como los dedos de mi mano", y enseguida me
dio todos los pormenores de sus hijos, o sea, de
todos nosotros, porque *La Caraqueña* era mi madre, y la casa a la que me llevó su nieta, era
donde yo había nacido; claro, me imaginaba que
estaría cambiada, pero no pensé en una casa moderna como aquella, con colores de todos tipos y
ventanas de primera, pero lo que son las cosas
de la memoria, reconocí enseguida la puertecita
del solar donde quedaba el granero, sin tener
que esforzarme; estaba viejita y remendada,
pero no se me despintó *ni a jodía.*

Salió una mujer y le pregunté: "¿Señora, esta
es la casa de *La Caraqueña*?, "Sí", me respondió,
y yo le dije muy campante: "Pues aquí nací yo,

¿usted es casada?". Ella me dijo entonces que era viuda, que su marido había venido de Venezuela y había muerto de un infarto hacía poco; al final, dijo que su cuñado se llamaba Pedro y su suegra, Anita Pérez González, y que vivían muy cerca de allí, eso era nada más lo que me hacía falta. ¡Ahí mismitico estuve seguro de que había encontrado a mi familia!; le di un beso a la periodista y le dije a la señora: "Yo soy Francisco, Anita es la única tía que me queda en Canarias y Pedro es mi primo, yo vengo de Cuba y soy hijo de *La Caraqueña*". No se pudo aguantar y me abrazó con tanta fuerza, que casi me parte el *esternón*; al momento nos mandó a entrar, y me dije, más contento que nunca: "Pancho, acertaste, ya estás en familia".

Lo que vino después no soy capaz de contarlo, porque tendría que hacerlo con el alma, y el alma no sale del cuerpo hasta la muerte. Encontré un montón de parientes que se desvivieron por atenderme y agasajarme; ¡hasta me llevaron al Teide, que es mucho decir! Por eso, cuando volví a montar en el avión rumbo a Cuba, me grité bien bajito, para que nadie me oyera: "¡Hombre, después de esta felicidad, ya te puedes morir!"

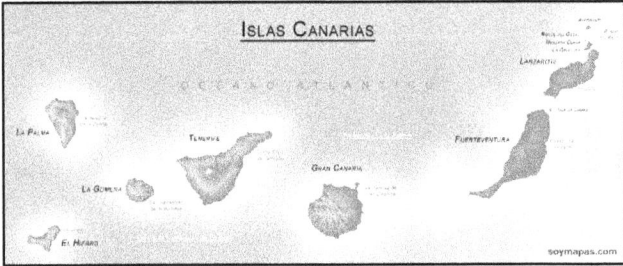

ISLAS CANARIAS

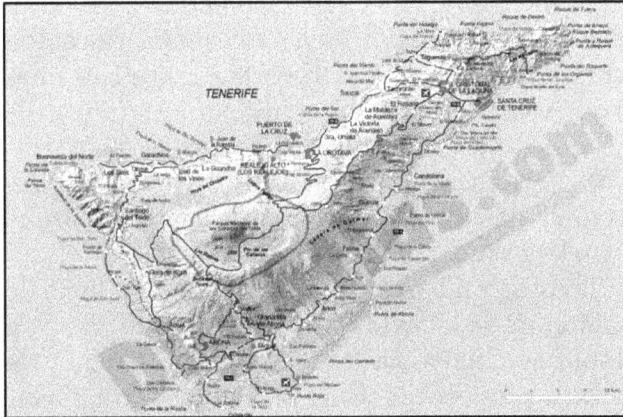

TENERIFE

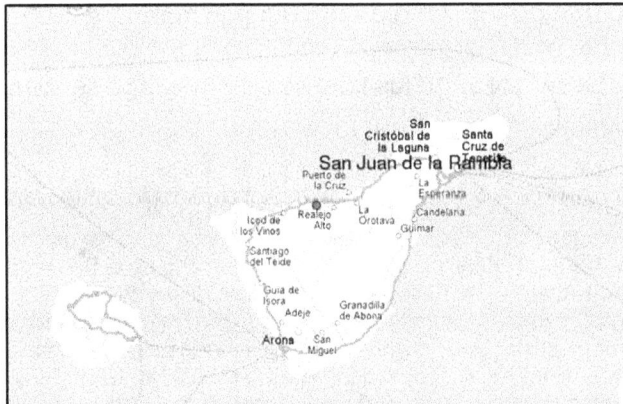

I

Mi primera visión de Cuba fue el mar, y está probado que hay visiones que no se olvidan nunca y esa se me fijó, porque cuando todos a bordo del barco empezaron a gritar ¡Cuba, Cuba!, me asomé a la cubierta y no encontré otra cosa que agua; entonces, todo el que pudo trató de ver algo y cuando yo me di cuenta, ya estaba frente al Morro de La Habana[6]. Esos son unos recuerdos lejanos, los únicos que tengo de cuando aquello, porque los demás se me borraron, pero recuerdos de niño al fin. Yo venía con mamá, dos hermanas y dos hermanos, porque papá ya estaba aquí desde hacía años.

Bajar de un barco, así de grande y tan lleno de gente, no se le olvida ni a un recién nacido y yo tenía cumplidos ya los siete años y aunque estaba seguro de que Cuba no me gustaría, no tenía más remedio, porque todos los míos ya estaban aquí y como toda la vida dijo mamá: *A lo hecho, pecho.*

La mayoría de los isleños que llegaban se iban

---

[6] Fortaleza militar construida entre 1590 y 1630, por las autoridades coloniales españolas, se eleva unos cuarenta metros sobre el nivel del mar, en el extremo derecho de la Bahía de La Habana, para descubrir y defenderse de las naves enemigas. También llamado el Fuerte de los Tres Reyes, tiene forma de polígono irregular, y su construcción siguió la superficie de las rocas. Está rodeado de altas murallas muy fuertes, precedidas por fosos profundos llenos de agua, que hacían sumamente difícil entrar en su interior.

para Las Villas[7], en el centro, porque era la moda, allí estaba la riqueza del tabaco de entonces, era una tierra muy bondadosa y agradecida; nosotros fuimos para la zona de Guayos, un pueblo que queda cerca de Cabaiguán, allí nos estaba esperando papá, que había venido antes con mis dos hermanos mayores, que ya habían cogido su rumbo. Como casi todos los que llegaban, ya él había trabajado de jornalero y de partidario en las vegas y en cuanta cosa se presentara, porque cuando aquello había que saber hacer de todo, y en ese 1916, en los días en que nos estaba esperando, tenía cerrado un negocio con Alfredo Hidalgo, un cubano comerciante de tabaco, que era hermano de uno que antes le había dado empleo en su sitio de Neiva. Eso era una cosa importante, porque la recomendación valía mucho cuando eso y si venía de un familiar era tremenda garantía y todo era porque los propietarios tenían miedo darle trabajo a un vago o a uno que fuera deshonesto y que al final, cuando se cogiera la cosecha, les diera pérdidas el trato que habían hecho.

Después supe que el viejo no era bueno para los negocios, o mejor dicho, no los mantenía bien, era muy irresponsable, pero esa vez, después de dormir la primera noche en lo de los Hidalgo,

---

[7] Antigua provincia en el centro de Cuba, que debía su nombre a la ubicación en su territorio, de tres de las primeras villas fundadas por los españoles: Trinidad, Sancti Spíritus y Remedios; en 1976 se dividió en las provincias de Cienfuegos, Villaclara y Sancti Spíritus

nos llevó para un sitio en la zona de Arroyo Lajas, entre Guayos y Cabaiguán, y era lo que teníamos. Había entrado a la cuarta parte en
aquellas tierras, sólo por un año, porque no se la
quisieron arrendar; aunque al final estuvimos
dos, que me sirvieron para ir conociendo a Cuba,
su naturaleza, llena de árboles, flores, ríos y pájaros, tan lindos, que al principio me parecía que
estaba soñando o que había llegado al Paraíso.

Yo no entendía todo aquello, pues la verdad vine
a conocer a papá cuando llegué aquí, porque él
me había dejado en Tenerife, en la barriga de
mamá, y estuve siete años oyendo lo mismo:
"Desde que su padre reúna el dinero, nos vamos
todos para Cuba"; después vinieron los viajes,
hasta meternos allá atrás en el campo, casi sin
vecinos, porque yo siempre he sido muy familiar
y me pasaba las horas acordándome de los que
teníamos en San José, una pila de viejitas y vie-
jitos que nos querían mucho y nos mimaban cantidad; lo que quiero decir es que allí, en el sitio,
estábamos rodeados de montes, aromas y sembrados y aunque era lindo todo aquello me sentía entraño, un poco raro por todas las cosas nue-
vas que iban apareciendo en mi vida de vejigo.
Nada, como yo digo, *ver para creer*.

Papá, que se llamaba José Pérez González, era
un hombre joven que había conocido a mamá en
Venezuela y ninguno de mis seis hermanos eran
hijos suyos; la vieja le llevaba como veinte años
y había nacido en Chío, Guía de Isora, por el año
1860 o 1865 y había venido para América antes
de la guerra de Cuba, de la última y se había

casado en La Guaira[8] con un venezolano llamado Manuel González Luis, que era un hombre
muy rico, que tenía muchas tierras y propiedades. Ese fue el padre de mis seis hermanos, entonces, cuando él se murió de una enfermedad
muy mala, mamá se casó con papá, que también
era de Tenerife y que trabajaba como mozo en
esa finca de Venezuela.

Las familias se opusieron a la boda y se
enemistaron con sus hijos, las dos eran González
también, porque el nombre y los apellidos de
mamá eran María González Rodríguez, una familia estaba en Canarias y la otra en Venezuela,
a un montón de kilómetros y con una barbaridad
de mar por medio, y se armó tremendo problema
porque los padres de mamá no veían con buenos
ojos que ella viviera con un jovencito que podía
ser su hijo y que no tenía ni donde caerse muerto
y los de papá, isleños de aquellos muy recogidos
y aspavientosos, le decían que si estaba loco, que
cómo iba a cargar con seis muchachos y alimen-
tarlos y darle ropa y casa, además una mujer
que parecía su madre, porque le llevaba la
misma edad que él tenía, hay que recordar que
cuando aquello no es como ahora, que agarras,
metes mano y ya, entonces había mucha *santaridad* y se vivía con eso de *¿qué dirá la gente?*.
Por ese lío de las familias, tuvieron que irse un
tiempo para Caracas, a la capital, parece que

---

[8] Ciudad del norte de Venezuela, situada en la costa norte del
Mar Caribe, es un importante puerto pesquero, que en la dé-
cada del noventa, del siglo XX, contaba con una población de
más de veinticinco mil habitantes.

hasta que pasara el temporal, por eso le pusieron a ella "La Caraqueña", hasta algunos se dejaron de hablar y ni se saludaban, lo que pasa es
que papá se salió con la suya y al final convenció
a mamá para que vendiera todas sus propiedades en Venezuela y regresaron a Canarias con
cuarenta y dos mil pesos, que entonces era un
capital tremendo. Enseguida papá compró una
casa de dos pisos en San José, porque decía que
era un lugar tranquilo, donde se podía vivir y
trabajar en lo de las uvas y las cabras, y ahí
mismo nací yo.

Los enredos de mi familia no terminaron con
eso, al contrario, las cosas se complicaron más.
Resulta que el *entena'o* mayor de papá, Amador,
que era hijo de mamá y medio hermano mío, conoció y se casó con Rosa, la hermana de papá,
ellos, que ya eran medios parientes por la rela-
ción que papá y mamá traían de Venezuela, se
hicieron marido y mujer; entonces ya él no era
sólo el *entena'o*, sino que era también el cuñado
de papá. Rosa, por su lado, era cuñada de mamá,
pero además, su nuera, y después fue la madre
de sus nietos, que eran también los sobrinos del
viejo. Yo también cogí mi partecita, porque Rosa
era mi tía y mí cuñada a la vez y Amador mi hermano y mi tío político. Que total, los hijos de
ellos dos eran mis primos carnales y mis sobrinos, y con el tiempo no sabían si decirme tío,
primo o nada más que Pancho, porque echamos
toda la vida juntos en Cuba; ahí está Rosa, enterrada en el cementerio de Cabaiguán. Yo estaba
tan atormentado con eso de los parentescos y los

enredos de familia que hice hasta el ridículo, porque díceme un día tía, que en paz descanse: "¿Panchito, tú sabes que yo tengo un hermano, que no es tu tío?", yo me puse a pensar, pero parece que en las musarañas, que es algo así como la madre de las boberías, porque me cogió de atrás *pa'lante*, agarro y dígole: "Eso no es posible tía" y me dijo ella, riendo: "¡Claro, bobo, tú papá!"

La cosa fue que estando todavía yo en la barriga, papá se antojó de venir para Cuba, cuando él se antojaba de una cosa, *¡juégueselo al canelo!* que la conseguía porque era muy cabezón, creo que eso fue por el 1909 y trajo con él a los dos hijos mayores de mamá, a Jesús y a Juan, pero como siempre fue tan *botarata,* y tan *manisuelto* para la plata, ya había gastado el dinero de mamá y para el viaje tuvo que empeñar la casa de nosotros por quince onzas y dejó a mamá sola, *desplumada como un gallo de valla muerto*, en San José con cuatro hijos y este que habla, metido todavía en sus adentros.

Bahía de La Habana

Barcos veleros y luego de vapor facilitaron la emigración a
Cuba. Puerto de Santa Cruz de La Palma hacia 1950.

II

Los primeros días que pasé en el campo, cuando vine de Canarias, fueron para no olvidar. Tan es así, que todavía me acuerdo como si los estuviera viviendo, por eso me digo a cada rato: "Pancho, cuando conociste el sitio de Arroyo Lajas, supiste de verdad la riqueza que encerraba Cuba y el genio que se mandaba tu papá"; y es que aquellas mañanas en que me despertaba tempranito y salía solo a descubrir cosas, eran una felicidad para mí, por lo menos, significaban algo así como cuando me colaba en el molino de gofio del viejo peleón, allá en San José, o cuando me escapaba a subir las cañadas del Teide. Lo que pasaba era que en esos sitios te encontrabas gofio, maíz, retama, o cuanto más unas margaritas, pero aquí, oiga, la tarde aquella que yo vi sacar de la tierra aquellas cosas largas que le decían yucas, o la vez que me encontré de sopetón con las cascadas de agua que quedaban río abajo, entre los pitos de cañas bravas y aromas, pensé que estaba en otro mundo. En cuanto a papá, allí me demostró que era una bestia humana, y que con él todo el cuidado que se tuviera era poco.

En esa primera semana me pasaron cada cosas que le *roncaban el mango*, ya después me había domando yo mismo; hay que imaginarse, aunque sea un poco difícil, a un pichoncito de isleño como yo, cerrero, de siete años, sabiondo como un científico, y cogido a lazo, que se encontraba en cada rincón del sitio, cosas raras que no se explicaba o no entendía, por mucho que quisiera.

Resulta que como al cuarto día, descubrí un guayabal cotorrero, casi todo madurito. En el patio de casa había una mata del Perú, pero después que me cansé ya no tenía interés para mí; la verdad es que yo me canso rápido de las cosas, menos de la vida, porque bastante la he disfrutado, me ha dado momentos buenos y malos, pero no me quejo. A lo que iba, entonces agarré y me subí en la primera mata y empecé a tragar guayabitas coloradas, después seguí de un lado para otro, comiéndome las blancas y hasta las amarillas con cáscara y todo. Al principio, botaba las semillas porque no tenía confianza, lo que pasaba era que en Canarias las guayabas escaseaban y eran muy codiciadas, y del precio ni hablar, pero a las dos horas de haber llegado, yo pensaba que conocía aquel guayabal desde antes de nacer y mata que trepaba, semillas que tragaba. Yo creo que allí no quedó ni para hacer una barra de dulce; así me cogió la noche y viré para casa medio asustado por el carácter de papá.

Ya por el camino empecé a sentirme algo raro, me acordé que la guayaba *estreñía*, me agaché y *pegué* a pujar, pero nada, estaba tupido completo, yo me aconsejaba nervioso: "Panchito, hay que dar del cuerpo, porque se te va a poner la cosa mala", y a la verdad que si me descubrían enfermo, por una *jartera*, la mano de cinto o de cujazos en el lomo no me la quitaba ni mi abuelita, si resucitaba y venía para Cuba. Apenas caminé otro poquito y los dolores de barriga casi me matan, me tiré en el trillo con tremendos retorcijones en las tripas y yo creo que con pantalones y todo seguí pujando, pero no salió ni un vientecito, o sea, un peo; en el suelo, se me ocurrió que tantas semillas juntas se me habían trabado en una parte finita, que dicen que es como un embudo, y seguí intentándolo con la esperanza de que saliera una, aunque fuera una sola, porque ya lo decía mamá: "Más vale poco, que nada". Pero la mierda no aparecía por ningún lado, y yo sabía que estaba dentro de mí y en cantidades.

Cuando llegué a casa, seguía igual y traté de esconderme, pero enseguida me descubrieron y empezaron las preguntas de una parte y las amenazas de otra: "¿Qué comiste Panchito?" "¡Vejigo *condena'o*, te voy a reventar a palos para que aprendas!". A la primera mano de cinto de papá, con tremendo genio, enfilé por dentro del mismo guayabal para regresar a Canarias caminando, y si no es por un hermano mío, mayor que yo, que me cayó atrás y me echó garra, voy a dar al Escambray; hay que fijarse que bruto era papá, que entonces me dio otra *entrá* de golpes, por querer volver para Tenerife sin permiso, sabiendo él que eso era imposible, y que yo era un muchacho chiquito y más flaco que una caña.

Total, que a los tres o cuatro días la barriga me había crecido muchísimo de tanto remedio casero y el lomo lo tenía encendido de tanto cinto;

lo primero que me dio mamá, fue un vaso de agua con azúcar antes de acostarme y otro por la mañana bien temprano; también me preparó un purgante de aceite con semillas de higuereta, porque según ella, las paredes de las tripas se apretaban con mucha fuerza contra la porquería y la ponían dura. Yo me decía: "¡más semillas!, si eso es lo que me tiene *tranca'o*", pero me callaba para no encender más la candela, porque ya le estaba cogiendo miedo hasta a mamá.

Entonces, todas las viejas de la zona desfilaron por casa, una con manteca de coco y tamarindos, otra con cocimiento de comino y cogollito de toronjil, y otra con jugo de naranja y platanitos manzanos, bien maduros. Una mañana llegaron dos isleñas viejas, más feas que unas brujas, vendiendo mojo verde. Una dijo que era mal de ojos, pero que ella no lo sabía curar y la otra, la muy *desgraciá, ¡vieja e'mierda!,* le propuso a mamá dos soluciones: la primera, meter el culo mío en agua hirviendo con hojas de chamico, alegando que eran "baños de asiento muy buenos", y la segunda, un supositorio de hojas de tabaco; bueno, que tuvieron que cogerme entre cinco o seis hombres y mujeres para meterme el tabaquito aquel para allá adentro, porque nada más que me pusieron la puntica, empecé a dar brincos y berridos como un chivo. Al cuarto de hora sentí unas cosquillitas y unos gases dando vueltas de arriba a abajo, y de un lado para otro, como si fueran un rabo de nube sin control, y salí disparado, ya sin pantalones, en cuero completo, sin importarme las mujeres de visita, para el platanal de atrás de la casa gritando: "¡Mamá, me cago!", con tan mala suerte que el chorro salió disparado y no hubo pollo, guanajo, ni gallina, que se escapara de aquel baño apestoso.

Mamá se moría de vergüenza, papá quería desollarme vivo y matarme, y las dos viejas brujas, ayudadas por unos hombres que estaban de paso por allí, lo aguantaban por los brazos y los hombros para que no me desguazara. Entonces, por suerte, uno de aquellos señores dijo: "¡Ave María don José!, no se ponga así, eso le pasa a cualquiera, ¿usted no sabe lo que le sucedió al isleño que montó tren por primera vez y le dieron ganas de dar del cuerpo?"; como papá se calmó, mi salvador acabó su cuento bendito: "Ese susodicho iba para Santiago de Cuba, con mucha gente sentada al lado, y no se atrevió a moverse del asiento. Para aguantar las ganas se metió la mano entre las *verijas* y se puso un corcho de botella, lo más para adentro que pudo, pero como a las tres o cuatro horas, cuando ya era de noche, los pujidos le apretaron y empinó las nalgas por una ventanilla del tren. ¿Sabe cómo gritaba, al otro día, la gente de los pueblos? *¡Cayó mierda desde el cielo, en forma de un aguacero!".*

La gracia del cuentero me salvó de la mano de cinto de papá, y aquello parece que se me olvidó, porque mientras estuve en Arroyo Lajas no hubo una guayabita del Perú madura, de la mata del patio, que se escapara. Ya me lo decía mamá: *"Perro huevero, aunque le quemen el hocico, sigue comiendo huevos",* eso sí, cuando pasaba por

35

el guayabal cotorrero, me entraban unos temblo-
res y unas cosquillitas en la barriga, del carajo,
como si las tripas tuvieran ojos o pensaran igual
que una persona; ¡a ellas sí no se les había olvidado!

Rio Almendares.

Guayabas de Cuba.

III

Poco a poco fui aprendiendo que los castigos de papá eran todos a golpes y que dolían de verdad, pero para convencerme de eso tuve que aguantar leña de todos los colores; cuando él se encabronaba, se ponía furioso como un animal y los ojos se le inyectaban de sangre como un toro fajador.

A los pocos días del problema de las guayabas, andábamos los dos en el mismo caballo y llegamos a la casa de un vecino; papá fue a pagar una compra y yo me puse a escuchar. El dueño le dijo: "Don José, es un centén". Antes no era como ahora que están los pesos, los dólares y las pesetas, cuando aquello había que pagar con un centén, y yo que no había escarmentado todavía, pues se me había olvidado lo de la *jartera*, dígole a papá: "¡Yo quiero un centén! Él me miró muy serio y me habló bajito, para que el otro no lo oyera: "Mire hijo, tranquilícese que esto es dinero y los muchachos no tienen que saber de eso". Para que fue aquello, como yo todavía no le había cogido el miedo aquel que me *asiscaba*, *principié* a gritar y a llorar por el centén. ¡Cómo hace años de eso y todavía me erizo! Viró el caballo y no dijo más nada y yo por el camino seguía llorando. Apenas llegamos a la casa, me dijo: "¡Ahora vas a coger centén!" y con la misma me entró a pescozones; para que fue aquello, me dio tanto que me pasé como tres noches sin dormir, porque no podía ni moverme en la hamaca.

Hace más de ochenta años de eso y no he visto más nunca un centén, ¡y ni quiero!

En la finca de Arroyo Lajas todos teníamos que hacer algo. Papá les encomendaba labores a mis hermanos y hermanas, contando con la edad, y yo no me escapaba de la *repartidera*. A los pocos días, ya era el encargado de la comida de los puercos, tenía que cortar bejucos de boniato por la mañana y por la tarde y echarle dentro del corral dos o tres cargas para que se los comieran, porque eran muchos animales.

Un día me puse a jugar con los hijos de Tomás González, el sitiero que pegaba a nosotros, y me engañaron; estábamos por la tarde, jugando en el platanal y cuando me iba a cortar bejucos, ellos me dijeron que no me fuera todavía, que después me ayudarían, pero cuando anocheció se fueron los muy *desgracia'os* y me dejaron embarcado. Por mucho que me apuré, papá me cogió cuando regresaba de Cabaiguán; a esa hora iba yo con la primera carga, y me preguntó: "¿Y usted, dónde ha estado que esos animalitos están ahí, muertos de hambre y no le ha traído yerba?", dígole: "No papá, que los hijos de Tomás González me engañaron y me dejaron solo, enseguida yo acabo"; entonces, en vez de darme, me dijo: "Usted tiene que aprender a tener responsabilidad, vaya para la casa". Yo estaba de lo más asombrado por su humanidad, pero parece que le picó algún bicho raro o lo hizo para engañarme y cogerme desprevenido, porque cuando me viré, me ha sonado un cuartazo con la *cabezá* del freno de cuero del caballo, que casi me mata;

el *jaquimazo* me partió la frente, con la pieza de hierro que va dentro de la boca de la bestia y me salieron dos chorros de sangre, que yo creía que me iba a morir. Entonces se armó la bronca entre mamá y papá, ella me puso un plato y lo llené de sangre; todavía yo me digo: "Pancho, fíjate si el golpe fue duro, que la pieza de hierro se rompió en dos". No en vano tengo todavía la cicatriz. A esa hora tuvo papá que ponerle otro freno al caballo y llevarme al pueblo a curarme. Yo tenía la cabeza dura, pero desde ese día le cogí terror al viejo y hacía las cosas antes de que me mandara, bueno, yo digo que papá nada más pensaba: "Voy a mandar a Panchito a tal lado", y ya yo estaba caminando para ese sitio. Hay miedos que te hacen cagarte, y eso me empezó a pasar con papá, yo creo que me curé, porque después de eso, casi más nada me ha asustado.

Yo entiendo que él fuera muy bruto, que no había estudiado, que no sabía ni leer ni escribir, pero esa vez de los puercos casi me mata, y yo tenía nada más que siete años. Esa no fue la última mano de golpes que cogí, me pasé muchísimo tiempo aguantando sus castigos, hasta que con dieciocho años me dio un cuartazo y se me salieron las lágrimas de la roña que sentí, ¡esa si fue la última vez!

Resulta que yo era el guía para los trabajos en casa, porque tenía facilidades para todo, y ese día nos mudábamos de El Guajén para La Fragua, ya después hablaré de eso, y como teníamos unas reses, nos pusimos a trasladarlas; yo iba delante, de lo más bien, pasando el ganado por la puerta del callejón de la finca de Juan Meléndrez, cuando de repente una toreta se *jala* para atrás y echa a correr. Entonces papá me sonó un sogazo con el lazo en la espalda, que largué el pellejo, yo me aguanté y se me corrieron las lágrimas, dígole: "¡Fíjese papá, la última vez que usted me va a dar es esta!". ¡Me acuerdo como si fuera hoy, carajo!, viré todo magullado, enlacé la toreta y la traje para el callejón, cuando me di cuenta había *pegado* a escaparse otra vez, ¡con el genio que yo tenía!, le tiré el caballo arriba y la empujé a una poza para que se ahogara, y papá callado, para mí que estaba pensando o aconsejándose, porque los padres también analizan las barbaridades que le hacen a los hijos. Yo sentía el lomo ardiendo y la cabeza echando humo, pero la muy *condená* no se ahogó, parecía un *peje* ¡qué carajo!, cruzó el río, salió toda *enchumbada* y se metió para el potrero con las otras reses. ¡Eso sí, esa fue la última vez que se atrevió a darme!

IV

Cuando nosotros vivíamos en Arroyo Lajas no pude ir a la escuela, eso ni soñarlo, aparte de que por los campos no había ninguna, tenía tanto trabajo en el sitio, que no me sobraba casi tiempo, ni para jugar. Lo único de letras que aprendí, en el montón de años que he vivido, fue cuando nos mudamos para La Fragua, que me colaba en casa de un vecino llamado Valentín Hernández, que le pagaba a un maestro todos los meses para que le enseñara a sus hijos y a los de un amigo; allí me gustaron más los números y aprendí a contar, sumar y restar, ¡y cómo esa intrusería mía me ha servido en la vida!, porque con lo analfabetos que éramos todos los isleños de entonces, y lo que nos explotaban, la mayor desgracia que le podía pasar a uno, era no saber sacar las cuentas de los negocios.

En esa finca donde estábamos, papá era uno de los sitieros y tenía cuatro partidarios; eso es fácil de entender, las tierras difícilmente eran de quien las trabajaba, eso era así antes. El dueño de montones de caballerías vivía en una ciudad, echándose fresco en un sillón, entonces, había un arrendatario de una de las fincas de aquel señor, y ese se la daba a la cuarta a los sitieros que eran los que tenían a los partidarios y a los jornaleros. Si yo pongo un ejemplo, seguro que se me entiende, eso era una cadena, don fulano le arrendaba a Juan una finca de cuatro caballerías, a cincuenta pesos cada una, o sea, doscientos pesos en total; Juan ponía a la cuarta a los sitieros, que eran cuatro, y al finalizar la cosecha de tabaco, tenían que darle, cada uno, las tres cuartas partes de la mitad que le daban los partidarios, que eran los que trabajaban en la vega, y el sitiero, el pobre, se quedaba con una sola parte. Así, si cuatro partidarios, cogían cada uno cuarenta quintales de tabaco, que eran ciento sesenta, le daban al sitiero ochenta, y este se quedaba con veinte y le daba al arrendatario sesenta, sin que ese tipo hiciera nada, lo del jornalero era diferente, a ese se le pagaba por un trabajo, y ya.

Por eso siempre se trataba de poner pocos partidarios, y que los hombres de la casa trabajaran más, aprovechando las madrugadas y las noches, aunque yo conocí fincas, de dueños isleños, con veintipico partidarios y casi todos de la misma isla y del mismo pueblo; claro, tenían que atender un montón de caballerías con siembras de todas clases y puercos, caballos, vacas, carneros y un montón de animales más.

Los campesinos siempre estaban luchando por mejorar. Papá hizo sus ahorros en Arroyo Lajas y arrendó una finca en El Guajén, y al cabo de los años, cuando acumuló más dinero, compró otra mejor en La Fragua; pero esa es otra historia que viene después, lo que sí está claro es que dejábamos la vida en la tierra, unos con más suerte y otros con menos, porque la verdad es que no todos salían adelante.

Bueno, que en Arroyo Lajas, siendo un vejigo,

papá me había comisionado, además de los puercos, para ocuparme de las gallinas y de guataquear las viandas; pero eso no era todo, nos levantaba a las tres de la mañana a moler harina para el almuerzo. Mi hermano tampoco se escapaba y los dos nos enredábamos con el maíz, en un molino de piedra que papá había traído de Canarias, y que por lo chiquitos que éramos, tuvieron que hacerle un invento con dos maniguetas para poderlo *jalar*. Cuando mamá se levantaba a las cuatro o las cinco de la mañana a cocinar la harina, yo y mi hermano se la teníamos lista; porque eso sí, cuando ella calculaba, sonaba el *fotuto* como un reloj y papá y los partidarios venían con un hambre del carajo, porque hasta que no lo oían, no soltaban, para aprovechar el tiempo.

Antes, en el campo, se hacían tres comidas fuertes y un desayuno, se almorzaba a las ocho, se comía al medio día y se cenaba al anochecer, pero primero, cuando te levantabas de madrugada, tomabas leche y café; hay que imaginarse la falta que hacía la comida en aquellos tiempos y pensar que de contra, los isleños éramos animales comiendo.

Un fotuto (caracol)

43

V

Cerca de la casa de nosotros, en Arroyo Lajas, vivía Plácido, un isleño que era del Realejo Alto o de la Orotava, no recuerdo bien, lo que no se me ha despintado nunca era su tamaño de gigantón y su bigote con las puntas jorobadas hasta los cachetes; las *alegadoras* decían que si empinaba la boca, se podía pinchar los ojos y tenían su poco de razón, porque parecían dos estiletes. Pues ese Plácido tenía una mujer que se llamaba María, como mamá, que se llevaba muy bien con nosotros. Esa pichona de isleña tenía una mano para el dulce de coco y la mermelada de guayaba, que en toda mi vida, que no es corta, no he probado nada igual; el día que María nos regalaba una fuente del dulce ese, era casi una fiesta, hasta los dos perros cogían su poquitico, y ya hasta se daban cuenta por el olor y *pegaban* a mover el rabo de la *contentura* que les daba. Nosotros nos pasábamos la vida obligando a mamá a regalarle, todas las semanas, un poco de arroz con leche o de harina dulce, para que cuando fuera a devolver la vasija, viniera llena; porque eso tenían las mujeres del campo de antes, si te regalaban algo de comer, el plato o el cacharro regresaba lleno Nosotros aprovechábamos la cadena esa para *jartarnos* de lo lindo. Pues seguro que nadie me cree, porque el genio y el azúcar no deben pegar, que el que más disfrutaba en la casa, el dulce de coco, era papá, que limpiaba *la almibita* del plato con un pedazo de queso o un galletón de los que traía del pueblo y se levantaba de la mesa con el bigote embarrado, chupándose hasta el dedo gordo de la mano.

Pero un día Plácido y papá tuvieron un problema por unos puercos y un campo de calabazas y un problema entre isleños es una cosa seria, hasta casi *jalan* por los machetes, y lo menos que hicieron fue pelearse a muerte; para que se tenga una idea, los dos preferían hablar con las bestias, y hasta con los perros, antes que saludarse o decirse algo, si se cruzaban por el camino. Después de eso, empezó a perderse el dulce de coco de María y ya mamá no me mandaba a su casa con la fuente de arroz con leche.

Así estaban las cosas, de lo más frías y feas, cuando una mañana llegó mi hermana Juanita con la noticia de la enfermedad de María; según ella, el padecimiento era de la cintura, estaba tan *arrengada* que no podía ni levantarse de la cama, y ya por la noche dijeron que no se podía ni mover. Mamá estaba muy preocupada, porque ella siempre fue muy buena vecina y muy humana y me dijo una mañana: "Panchito, hazme el favor, averíguame si es verdad que Plácido se va a llevar a María para la *Quinta Canaria*[9] de La Habana". Y enseguida volví diciéndole que sí, que ya lo tenían todo preparado

---

[9] Llamada de esa forma, su verdadero nombre era Clínica "Nuestra Señora de la Candelaria", perteneciente a la Asociación Canaria y funcionó brindando servicios médicos y clínicos a sus socios, en la primera mitad del siglo XX, en el barrio habanero de Arroyo Apolo.

para el viaje, que hasta un baúl, igual al que habíamos traído de Canarias, lo estaban llenando de ropa.

La preocupación de mamá era con razón, porque estaban en plena vega y Plácido tenía una pila de hombres en el sitio, trabajando desde bien temprano, *a prima*, y la única que cocinaba era María, porque la hija más grande no pasaba de diez años. Por la tarde mamá fue a visitarla y la encontró peor, con dos curanderas tratando de levantarla, pero sin conseguirlo y Plácido decidido a irse para La Habana y meterla en la clínica buena esa, que era nada más que para isleños. La verdad que la Quinta Canaria era un tremendo hospital, es como decir ahora el "Almejeiras", que está lleno de adelantos y equipos modernos y donde hay medicinas de mil tipos. Casi todos los isleños de la zona éramos socios, pagábamos una cuota y teníamos derecho a la atención en esa clínica. De seguro, donde mejor estaba María era allá, pero tenían el problema de la lejanía, el sitio y de los muchachos, porque Plácido tenía que irse con ella y la finca se le quedaba de lo más desatendida, porque como dice el dicho: *El ojo del amo, engorda al caballo*, y no era lo mismo que dejara allí a un extraño.

Papá no había dicho nada, todos nos acordábamos de cuando se apareció el gago aquel, medio arrengado, con la mitad del cuerpo blanditico, que no servía para nada. Ni el gago tenía esperanza de curarse; fíjense que se tiró casi llorando de rabia, frente al rancho de maíz, que daba lástima.

Justo, un viejo vendedor de baratijas que pasaba por allí casi todas las semanas, le aconsejó que se fuera para el pueblo y si no para Sancti Spíritus, Santa Clara o La Habana, porque se iba a morir; decía que así empezaban los *patatunes*, y que si se atendía a tiempo a lo mejor se salvaba, porque si no se iba para el más allá, por lo menos se podía quedar *balda'o* para toda la vida. Papá le dijo que eran las carnes abiertas y que si quería, él se las curaba, pero Justo se rió de eso; nosotros sabíamos las mañas de papá, pero el vendedor siempre estaba en sus negocios y nunca se había enterado de esa virtud, y decía que no creía en eso, que esos eran cuantos isleños. Ahí mismo se pactó la apuesta, el que perdiera ponía la cochinata y el vino, para el guateque del domingo por la tarde.

El viejo agarró al gago como si hubiera sido una montura, lo levantó en peso y lo llevó para el vara en tierra; el pobrecito gritaba más que un lechón y decía: "¡Por, por, su madre don José!" Allí le colgó una hamaca y lo tuvo tres días haciéndole sus mañas y cosas; a mí me tenía de un lado para otro, comiendo naranjas y *meando* en una vasija para sus remedios. El domingo Justo *estaba más serio que una tusa*, había perdido la apuesta con papá y el gago se reía de lo lindo, lleno de sincero agradecimiento.

Entonces, una noche temprano, cuando eso de María, siento que me halan la colcha y era el viejo, que me dijo: "Acompáñeme a casa de Plácido, que voy a ver a su mujer". Yo me quedé *pa-*

47

titieso en la hamaca, dígome: "Se va a pasar llo-
viendo una semana o la mata de mango va a pa-
rir aguacates, ¡algo grande va a pasar!", porque
ir papá a casa del otro, con la clase de bronca que
habían tenido esos dos animales, digo, esos dos
isleños brutos, era como para esperar un terre-
moto, o algo así.

Llegamos cuando los de la casa estaban en el
portal conversando; yo seguía abismado con lo
que estaba haciendo papá, lo primero que dijo
fue: "Buenas noches tengan todos, ¿dónde está
la enferma?". La hermana lo llevó para el cuarto
y se encontró a María llorando desconsolada.
Ella le dijo: "¡Ay don José, me he puesto baldada,
no puedo ni moverme, no me siento la cintura,
ni el cuerpo, y ahora, de contra, me quieren llevar para La Habana!" Él, consolándola, le pidió
que retrasara el viaje unos días, que la iba a curar.

María tenía tres o cuatro varoncitos, y papá los
puso a orinar en un jarro, después se fue para la
cocina y lo plantó en la candela, hasta que aquello hirvió; entonces parece que se le olvidó la
bronca con Plácido, porque le dijo muy campante: "Búscame una colcha de dormir que ya no
sirva", y cuando el orine estuvo tibio la empapó
bien y se la puso alrededor de la cintura, tapán-
dola después con una sábana, para guardar el
calorcito. Cuando estaba haciendo todo eso iba
diciendo, bien bajito, unos rezos secretos que se
había aprendido en Canarias, y que no se los decía a nadie, ni a su mujer. Se despidió de ella
diciéndole, como si fuera bien educado: "Buenas

noches, señora, no trate de levantarse por nada del mundo, que la cura es tres noches seguidas, cada vez que le toque, yo vengo a tratarla".

Pasaron los días, y lo más que me acuerdo es de aquella tarde, en que estábamos comiendo y oyendo a mamá hablar de la mejoría que había tenido María, que ya caminaba y que empezaba a limpiar la casa y a cocinar; todo había sido gracias a la cura que le había hecho papá, que era un bruto conmigo, pero que ese día me hizo sentir contento de que fuera mi padre.

Papá no hablaba, miraba para el techo como pensativo, y en eso empujaron la puerta del comedor, y todos oímos la voz de Plácido, cuando decía: "¡Arriba caballeros, que llegó el dulce de coco!".

Portón de entrada
a la antigua Quinta Canaria

VI

Todos nos fuimos encariñando con el sitio de Arroyo Lajas, con la casa, las matas y los animales; estábamos acostumbrados a aquello, por el día ayudábamos en lo que nos tocara y en lo que nos dijeran, porque allí había más leyes que en un cuartel, siempre te daban un trabajo de contra y no podías protestar. A veces, si teníamos un ratico jugábamos a veinte cosas, aunque siempre nos acordábamos de la *guerra del gofio*; papá y mamá siempre tenían en la cocina, porque a los isleños de antes no les podía faltar, ni en jarana y con la boca bien llena, le echábamos en la cara, al que más cerca tuviéramos. Por las noches, era una felicidad hacerle un coro a mamá, alrededor de la mesa de comer, para escuchar sus cuentos, trucos y adivinanzas, y un montón de mentiras que inventaba para entretenernos; pero eso nos gustaba mucho y nos poníamos *lelos* cuando hablaba.

Decía que tuvo un tío abuelo en Canarias que criaba cabras, y que ese trabajo le llevaba las madrugadas, las mañanas, las tardes y las noches y no tenía tiempo para más nada, ni para comer, ni dormir. Una vez se embulló y vendió todas las cabras, porque decía que se iba a morir de tanto pastoreo, pero lo que hizo fue dedicarse al vino y a inventar mentiras para hacerse el *bárbaro* y el fuerte. Un Día de San Andrés[10], en noviembre, fue a la bodega del hermano y entre trago y trago, mandaba una mentira, hasta que se atrevió a porfiar, que él sólo había pastoreado no sé cuántas cabras a la vez; cuando lo llamaron mentiroso, dijo: ¿Qué no es verdad, ustedes creen que un hombre como yo, acostumbrado a subir de noche, al pico del Teide, arriba de una cabra, va a estar con boberías?

Así eran los cuentos de mamá, a veces nos decía adivinanzas y entonces teníamos que *abrir las entendederas*, porque si no, nos *mangaba.* Ella decía: "A ver, ¿cuál es el animal que come con el rabo?", y nosotros gritábamos: "el caballo", "el puerco", "el gallo", ella se empezaba a reír y decía: "Todos, porque ninguno de ellos se quita el rabo para comer", y entonces nosotros gozábamos de lo lindo. A veces, tenía que repetirnos una adivinanza que nos gustaba mucho y nos la sabíamos de memoria, porque era picantica y asquerosa: "Vamos a ver, ¿quién se sabe esta? Entre dos piedras muy mohosas, sale un títere dando voces", y todos respondíamos, gritando de un *janazo*: "¡El peo, el peo!"

También decía trabalenguas, que nos costaba mucho trabajo repetir y ella nos obligaba para reírse también:

"En Canarias mastican ajos,

---

[10] El 30 de noviembre es para los católicos el Día de San Andrés; en Canarias existe la tradición, de estrenar el vino nuevo ese día.

no los mastican como aquí,
¿cómo en Canarias podrán,
masticar ajos cómo aquí?",

Me acuerdo que había otro, ese que me gustaba mucho, pero que era muy difícil de repetir por las palabras que tenía, ¡fíjense si mamá me obligó de veces, que me lo aprendí de memoria y con tanto tiempo, no se me ha ido todavía de la cabeza!:

"En Cacarajícara hay una jícara,
¿quién desencacarajicaría la jícara,
de Cacarajícara?

Allí estábamos bien, pero a los dos años de haber llegado de Canarias al sitio de Arroyo Lajas, papá arrendó, en la finca de los Meléndrez, una caballería de tierra y tuvimos que irnos tristes, de aquel lugar. Eso estaba en la zona conocida como El Guajén, a un costado de Cuatro Esquinas y pegado a Manaquitas, bien *apariado* al sitio de Antonio López.

Por ese entonces, ya estaba más durito y papá me ponía a ayudarlo en el campo y yo me creía que era un hombre de verdad; mis hermanos siempre me estaban *fastidiando*, porque yo era el más chiquito y me decían "el vejigo" y eso me encendía enseguida, ¡para las veces que papá tuvo que *desapartarnos*!

Allí, en El Guajén, aprendí a guataquear y a cortar tabaco. Tendría yo unos diez años, el día en que papá empezó a dejarme trabajar un poco

en serio y cuando pegaban a repasar, iba con
ellos; pero siempre tenía que atender antes a los
animales y por la tarde, me iba escondido para
un semillerito que habían abandonado ya, en
una esquina del sitio, en el terreno más flojo, y
donde las matas de tabaco estaban crecidas y
nadie las quería; entonces, escondido de papá,
agarraba una cuchilla, me *escarranchaba* como
los hombres, y hacía los *braza'os* de tabaco que
podía, porque aquellas hojas eran muy malas,
unas chiquitas, otras más grandes, pero me servían para aprender; cuando acababa estaba todo
sajorna'o, pero valía la pena.

Cuando llegó el tiempo de cortar de verdad,
papá me sorprendió y me dio la cuchilla para que
aprendiera, pero el sorprendido fue él cuando
me vio trabajar; yo creo que nunca se explicó mi
habilidad, porque me hice el bobo y me puse a
trabajar a la par de los grandes, sin chistar, pero
claro, yo no era un bárbaro, ni nada de eso, y me
iban dejando atrás. En ese entonces, era un mu-
chachito que cortaba diez, doce y hasta quince
cujes al día, que para mí era una hazaña.
Cuando llegaba a la casa, mamá me besaba y me
acariciaba, y eso me daba muchas fuerzas para
prenderme al amanecer. Sinceramente, las cosas hay que reconocerlas con civismo, yo me hice
cosechero de tabaco en El Guajén gracias a papá,
pasé trabajo, pero aprendí a sacarle lo que daba
la tierra, y me hice hombrecito de verdad, aunque tuve también mis ratos amargos.

Una vez teníamos de jornalero a un isleño, que

era bravo para el trabajo y mis hermanos, siempre me decían que él era más largo que yo y no era mentira cuando aquello; después no, yo me la echaba con el que fuera y por lo menos empataba, pero a mí me fastidiaba que se rieran de mí y que me *cuquearan*, porque cuando eso, yo que era un jovencito, pensaba que podía ganarle a cualquiera y el que me llevara la contraria, se buscaba un *fandango* conmigo.

El isleño casi no hablaba, era bastante mayor que yo, *estaba hecho y derecho*, pero yo, *engreído*, lo reté a una *guataqueadera*, en presencia de papá, que me dijo: "Arriba, hijo, no me hagas quedar mal". Empezamos el desafío al aclarar, con un buchito de café en la barriga, pegamos juntos y aquel hombre no se me podía separar, me miraba poco, pero yo sabía que estaba loco por dejarme atrás; a las ocho de la mañana, papá nos obligó a los dos a tomar la leche, y después caímos otra vez en el surco. A media mañana empezó a sacarme ventaja, y yo *prendi'o* como un animal, sin dar mi brazo a torcer. ¡Pero qué hombre de trabajo aquel!, cada vez apretaba más y ya me llevaba un buen trozo, entonces, dígome: "¡Arriba, Pancho, a cogerlo!", y apreté con todo lo que me quedaba, ahí mismo empezó a darme vuelta todo, sentí que la sofocación me ahogaba y me fui de cabeza, con guataca y todo. Me dieron agua, era como un desmayo, papá y el animal aquel me ayudaron a levantar, y el muy *desgracia'o* me dijo: "¿Seguimos pichón, o ya a usted se la acabó el pique conmigo?". Yo no le contesté, porque de la *cansera* que tenía no podía ni hablar, pero cogí la guataca y empecé a darle suave, a mi paso, porque si no, el isleño aquel me mataba, o cuanto menos me reventaba.

Parece que aquello no me entró bien en las *entendederas*, porque como al año me pegué a repasar tabaco con un viejo, que para mí era mudo y sordo, porque ni hablaba, ni movía las orejas cuando trabajaba. Se llamaba Antonino y tumbaba una mano de hijos por un lado, y una por el otro, como si no hubiera más vida a su lado. Me digo: "Pancho, revienta a este viejo", y me pego con él, y si él avanzaba, detrás iba yo, y si me le iba delante, él me alcanzaba. Al mediodía tocaron el fotuto para almorzar, y el viejo seguía, entonces le pregunté: "¿Don Antonino, usted no va a comer nada?", y como no me respondió, seguí con él a ver si se caía *redondito* en el surco, para ayudarlo, pero nada, Antonino seguía repasando, y yo con él, A las tres o las cuatro de la tarde, le dije de tomar agua y no me hizo caso, la verdad que ya me estaba sintiendo el cansancio, y tenía tremenda hambre. Ya oscureciendo, yo no podía más, lo agarré por un hombro y le dije: "Venga acá, ¿usted no se cansa, no piensa parar?, ya es casi de noche", y me dijo, muy tranquilo y sin sofocación ninguna: "¡Muchacho, pues yo quisiera que estuviera aclarando, porque estoy como acabadito de empezar!".

Esas fueron las dos veces que perdí en un veguerío, pero eso fue porque todavía era un muchachón, después, ni dos isleños juntos me ganaban.

Gofio de Canarias

El Teide, Tenerife

VII

En el campo se hacían muchas rogativas para tener buenas cosechas, eso era una costumbre y una fe que todo el mundo tenía muy adentro y que no se abandonaba por nada. Aunque algunos le pedían a San Lázaro, a San José o a otros santos, nosotros siempre le rogábamos o le hacíamos promesas a la Virgen de la Caridad del Cobre, la Patrona de Cuba, que tanta historia tiene y tanto bien ha hecho en este país; para mí no hay otra, ni ahora que soy un viejo y tengo más tiempo para pensar.

Cuando papá arrendó la finca en El Guajén, se gastó muchísimo dinero en prepararla y en la primera cosecha de tabaco, todos los ahorros que le quedaban del sitio de Arroyo Lajas, los echó *pa'lante*; eran once mil pesos, que cuando aquello era un capital, pero había que hacerlo para ver si se sacaba algo, porque tuvo que levantar hasta la casa de vivienda, los ranchos y la casa de tabaco; yo recuerdo que toda la madera que se compró, la arrastraron ellos mismos, de los montes de Manaquitas, para ahorrarse el transporte.

Esa vez, cuando no se pensaba en turbinas, ni en otros inventos modernos, se sembraron más de cien mil posturas y en el primer corte no se habían recogido ni cien cujes de principal, por la seca tan bárbara que estábamos pasando; cuando ese tiempo lo único que valía era la temperatura y más nada, todo dependía de la naturaleza. Esa tierra no se había cosechado antes, porque era *potrero rompío*, con *cañaones* grandes y las maticas, todas raquíticas, tenían hasta flores. Como estaba aquello, no daba ni para la mitad de los gastos.

Los hombres estaban haciendo la casa de tabaco y papá acabó de echar el caballete y se *apeó* a coger un respiro. Yo estaba allí, era un vejiguito, y me acuerdo como si lo estuviera oyendo, cuando dijo: "¡Virgen de la Caridad, si cae un agua que la cosecha me dé para pagar lo que debo, voy a verte al Cobre, aunque tenga que vender una vaca!".

Yo lo cuento ahora y me erizo todo, eso fue como a las once de la mañana, después fuimos a almorzar, y como a la una de la tarde, se presentó una nube, así, a la brisa, y rompió a llover, y donde quiera que la tierra hacía cañada y las matas habían echado flores, la corriente de tanta agua, las arrancó. Lo que quiero decir es, que yo tengo razones para ser creyente como soy, porque lo vi con mis propios ojos.

Aquellos troncos de tabaco dijeron a crecer, a echar *pa'rriba* y a retoñar, y entonces nosotros aprovechamos y le dimos una segunda mano, dejando dos retoños en el tronco. Esas matas crecieron tanto, con tanta salud y se pusieron tan hermosas, que yo me metía en el medio del campo aquel y nada más se me veía el sombrerito, como si fuera un ratoncito que apenas se le salían las orejas.

Un día llegó a caballo, un emisario de la fábrica

famosa de tabacos "Trinidad y Hermano", que lo mandaban de Cabaiguán a ver como estaba la cosecha de papá y me acuerdo que venía vestido con una camisa de saco de alpaca; entonces, cuando vio la cosecha, no quería creer que aquello era capadura, ¡fíjense si llovió, que ese ha sido uno de los campos más lindos que recuerdo, de cuando era muchacho, y miren que yo vi vegas!

Al final, levantamos la cosecha, la vendimos, y cuando papá terminó y sacó la cuenta, daba más de doce mil y pico de pesos; aquello fue la felicidad en mi casa y enseguida prepararon el viaje para ir a Oriente, al Santuario del Cobre. Ese es un sitio sagrado donde la gente cumple sus promesas y llevan sus ofrendas; papá encargó un pan grandísimo, de cien huevos, para el viaje y se fue con mamá a cumplir lo que había dicho en su rogativa, con la Virgen de la Caridad, porque eso es muy serio, lo que se promete hay que hacerlo, porque es cosa de palabra, de prestigio y tranquilidad de uno. Yo siempre le doy las gracias por lo mucho que me ha ayudado a mí y a los míos en esta vida. En fin, por el bien que ha hecho a todos.

Casa de Tabaco.

Virgen de la Caridad del Cobre, Patrona de Cuba.

VIII

El tabaco hay que entenderlo. Existe gente en-
caprichada que dice, que cuando se acaben los
isleños en Cuba, se terminan las hojas de calidad y las grandes cosechas; otros opinan que eso
ya es una tradición del cubano y que se heredará
por los siglos de los siglos. Yo creo que todos tienen un poco de razón, porque se sabe que nosotros somos los que más le entendemos a eso, tenemos *maña*, conocimientos y experiencia; también es verdad, que yo conozco cubanos que son
muy buenos vegueros, que son capaces de hacer
esa tarea tan bien como un isleño, aunque hay
una parte de la juventud de hoy que no quiere
doblar el lomo, le gusta tener el dinero fácil, y el
secreto del bienestar está en el trabajo y en el
sacrificio. Yo no estoy contra los jóvenes, pero de
esos casos hay bastante, ¡no me digan que siempre los viejos le echan a los nuevos, y que se les
olvida cuando ellos tenían quince o veinte años!
Pero yo no soy así, papá era uno de los que decía
eso, siempre me lo estaba sacando en cara, y miren que pasó, no salí tan malo me parece, aquí
donde me ven, hice cincuenta y ocho vegas y no
sé cuántos despalillos y escogidas; por eso estoy
todo jorobado y *arrenga'o*, pero yo digo: "Pancho,
¡a mucha honra!
A los que les interese, le voy a decir que lo primero que se hace es escoger la tierra para el semillero, porque esta no tiene que ser igual a las

otras donde se va a cosechar; puede tener incluso menos capa vegetal, y todo eso, porque la mata no va a crecer mucho, sino que sólo lo necesario para trasplantarla, el pedazo de terreno tiene que tener pendiente, pero no mucho, porque los aguaceros pueden arrastrar las semillas, eso sería un desastre y entonces habría que gastar más y eso no se lo permite un buen cosechero, no porque sea tacaño, sino porque tiene su orgullo y su prestigio. Yo siempre me decía: "Pancho, mucho ojo con la tierra del semillero, que pocas posturas, después te dan tremendo dolor de cabeza", y lo comprobé una pila de veces, gente que no tenía experiencia en escoger terrenos, o no oían lo que se les decía y al final se quejaban, de que tenían mala suerte, y todo un *ensarte* de lamentaciones, cuando la verdad ellos la conocían bien; pero vaya usted a saber pues no hicieron caso, porque no hay nada más cierto que *el que no oye consejo, no llega a viejo.*

Después hay que prepararla, eso también tiene su cosa, porque los canteros hay que hacerlos con amor, lo más parejos posible, dejando la caída del agua, para que no se vayan a emborrachar las posturas; además, es muy importante recoger las piedras y los palos, para que no se roben espacio y las semillas se riegan a mano, aunque, a veces hay semilleros tardíos. Un buen isleño los hace siempre a principios de septiembre; después viene el escarde y el arranque a los cuarenta o cincuenta días, cuando las posturas ya tienen medio pie, más o menos.

En octubre, o cuando más en noviembre, se empieza la siembra en tierras bien preparadas con mucho arado, antes se usaban los bueyes y ahora el tractor; da lo mismo, lo que hace falta es que la tierra esté mojada y que la raíz de la postura se apriete con fuerza para que prenda, aunque a los pocos días hay que darle un repaso y resembrar en los espacios que hay vacíos, porque allí no sirvió el trabajo que se hizo.

Después viene la guataquea, que tiene que ser con mucho cuidado para no dañar la mata y poder quitar todas las hierbas que son, después de la plaga, el peor daño que puede ocurrirle a una vega; también hay que desbotonar para que las hojas crezcan para los lados y tengan calidad y después, hay que deshijar para garantizar la fortaleza y el tamaño al final. A todo eso se le llama repaso, en el lenguaje campesino. Lo que quiero decir es que son muchas las cosas que hay que hacer en esos días y más el cariño con que hay que tratar los campos.

El corte del tabaco es a los sesenta o setenta días de la siembra, eso sí es una felicidad, en eso yo era tremendo. Se agarra la cuchilla y se van haciendo *braza'os* con las mancuernas y poniéndolas en los cujes, que están en los tendales de la misma vega y que pueden ser ocho o diez; eso es en vista de la hora en que se corte, porque cuando hay mucho sol, las hojas de tabaco se *engurruñan* más rápido por el calor, pero cuando es temprano, por la mañana, lo que se pone en el cuje abulta más, pues las hojas están verdes todavía, o sea muy frescas. Por ejemplo, el tabaco sembrado el 20 o el 25 de octubre, se corta para Noche Buena y tiene que estar buenísimo en esa fecha, eso es una tradición que yo la llevaba *al quilo*.

Se cruza el campo muchas veces, cada diez días, primero el principal, que lleva la corona, luego el centro y después la libra de pie; todavía esa siembra sigue dando cuando retoña, porque el tabaco en Cuba es bendito, y le coges el capón, la capadura, la chivichana y la paca.

Entonces, ya está listo, se lleva a la casa de tabaco para que se cure y se le da el tratamiento que lleva, que también es complicado, porque lleva mucha fermentación. La vida, a veces, es un poco traidora, yo conocí un caso, que después de hacer todo lo que conté ahora, le cayó un rayo a la casa de tabaco, con toda la cosecha, ya seca, adentro y ¡se quemó *a viaje!*; aquel isleño, el pobre, casi se vuelve loco, porque quería vender la producción para mandar a buscar a la familia, y *en un abrir y cerrar de ojos*, se quedó en la ruina. Pero el hombre no se dio por vencido, y a los dos años ya tenía a la mujer y a los hijos con él, aquí en Cuba.

A veces la gente que no sabe, se cree que cosechar tabaco es fácil, pero eso que conté se lleva una pila de meses, en que los isleños no salíamos del campo a nada, ni a ver a las novias, porque el trabajo era bravo de verdad.

Ahora voy a decir un *secreto isleño*: cuando se acaba de coger la vega, se arrancan los palos con un arado, y se aprovecha el surco y el abono del

tabaco, para sembrar maíz, ¡y ya se verá lo bárbaro que se da! También de marzo a diciembre
se pueden sembrar otras cosas, como malanga o
boniato, y si no, se deja vacío, como potrero, para
que descanse.

El tabaco es de artistas, pero es duro, por eso
yo digo que tiene su cosa, y el que no la sepa, que
ni se meta, porque fracasa. Fíjense si es así, que
la cosecha debe cogerse antes del 19 de marzo,
Día de San José, en que se hacían una fiestas
tremendas, por aquí tenían fama las de Santa
Lucía y las de Cruz de Neiva, que yo tuve la di-
cha de vivirlas.

IX

Yo siempre he sido un isleño fiestero, bueno, igual a todos los de allá, que siempre estamos buscando un motivo para meter un *fetecún* y tomar un poco de vino o ron, y cantar una isa o bailar un son; a mí hay que buscarme para todo eso, porque cuando joven me mandaba muchísimos kilómetros a caballo para ir al Patronato de San José, en Cruz de Neiva, o a la fiesta de La Larga, donde hacían la bajada de la Virgen de las Nieves.

Los 19 de marzo era difícil que un isleño de esta zona trabajara; yo casi siempre me iba para Cruz de Neiva, pero una vez me invitaron unos amigos y fuimos a dar a caballo, desde Guayos a Santa Lucía. La verdad es que las fiestas se parecían, cosas de isleños y cubanos juntos, pero tenían sus diferencias, porque en Santa Lucía no era carnaval y aunque se tocaba mucha música cubana, se comía y se bebía, actuaba un grupo isleño[11] que bailaba y cantaba isas, malagueñas y folías; hay que ver lo que es la vida, ¿quién me

---

[11] Fue fundado alrededor de 1929, por el músico tinerfeño José Garcés, y el bailador palmero Juan "Chimijo" Hernández, ambos inmigrantes canarios en Cuba, dedicados a la agricultura en la zona cabaiguanense de Pozas. Desde entonces, el grupo se ha mantenido activo, integrándolo actualmente los descendientes de sus fundadores. Es reconocido como Grupo Portador de Tradiciones por el Ministerio de Cultura de Cuba. En 1996 actuó en Canarias y en 1999 recibió el Premio Nacional *Memoria Viva*, del Centro para la Investigación y el Desarrollo de la Cultura *Juan Marinello*.

iba a decir, que más de sesenta años después de eso, yo iba a ir a Canarias, con los hijos y los nietos de aquel Garcés, del Realejo, que organizó todo aquello? Y que fueron con trajes lindísimos, instrumentos para tocar la música isleña y el palo con las cintas de colores; a mí me parece que recorrieron casi todas las islas, por eso digo, que cuando menos te lo imaginas, te encuentras cada sorpresa que te quedas *lelo*, así que yo sigo diciendo, que no hay nada más cierto, que el dicho ese de *ver para creer*.

Me contaron aquella vez, que el poeta Chanito Isidrón se apareció una vez por ahí, por la escogida aquella de Juan Lorenzo donde hacían la fiesta, y un hombre le ofreció dinero para que le cantara una décima buena, a una enamorada que tenía, que se llamaba Anita Caraballo. Aquello para Chanito era como *cantar y coser*, porque ese fue de los mejores poetas que ha tenido Cuba, y agarró sin pensarlo mucho, y empezó a repetir los dos primeros versos que se le ocurrieron, que decían así:

"Reciba Anita Carballo
esta inspiración sin tregua..."

Entonces, un borracho de la zona, que estaba en una esquina, se le metió de pronto en el canto y dijo:

"...como recibe la yegua
la bendición del caballo".

67

La gente que estaba allí se cagó de la risa y el enamorado pasó la pena más grande del mundo. En las fiestas de Santa Lucía y Cruz de Neiva, había bandos rivales: el azul y el punzó, pero en Cruz de Neiva iba más gente; parece que los de aquel rumbo eran más aparentes para eso, porque venían de lugares muy lejanos. Allí había lucha isleña de la buena, yo recuerdo a "Porrón" y a "Cazuela", dos luchadores que se *pegaban* duro de verdad, eran un espectáculo. A veces la gente venía de otras provincias a verlos, nada más que a ellos.

Lo que más me gustaba eran los torneos a caballo entre los dos bandos, para ver quien ganaba el enganche de la argolla y las carreras; eso sí lo *atencionaba* yo, allí había competencias de todos tipos y después cerraban con un baile *regio*, con cantantes y orquestas de las mejores de su tiempo. También, aunque yo las vi poco, salían algunas comparsas porque era carnaval, pero si un año no las había, no importaba, la gente gozaba igual, porque después de tantos meses de trabajo sin salir del sitio, o de la finca, cualquiera bailaba y se divertía, aunque fuera con un *traganíquel* de un bar, y eso que cuando aquello *estaban a huevo*.

A las fiestas de La Larga iban más isleños que a cualquiera que hicieran en Canarias, aquello se llenaba, había muchos palmeros, eran la mayoría, aunque de mi isla también había montones. Bajaban la Virgen de las Nieves, y le hacían un altar en una escogida de tabaco, con flores, joyas, santos y regalos; eso era cada cinco años, a mediados de enero, y dicen que empezó por una rogativa desesperada que hicieron los cosecheros por la sequía que había; lo que pasó fue, que después la siguieron haciendo, porque en cuestión de fiestas, si a los isleños *nos dan un dedo, nos cogemos toda la mano.*

Yo me acuerdo de Antonio Martín y de "Juanbán", que eran dos isleños con tremendo embullo para organizar los torneos a caballo, los bailes y las otras cosas; allí la música y la comida no se acababa en los tres o cuatro días que duraban las fiestas, y la gente empataban las noches con las mañanas, como si nada.

Uno de esos años, me pongo a ver una lucha isleña, y había un pichón que era un bárbaro, no había quien le durara tres minutos, le decían "Chipude", y seguro que era gomero; cuando aquello, no se usaba el traje de ahora, porque había mucha pobreza, los luchadores se quedaban en pantalones y se amarraban una cinta de lona fuerte, ¡*y a pegarse!* Entonces, estaba yo entretenido y dos o tres tipos me empujan *pa'l terrero* y empiezan a decir: "¡Vamos, que tú eres el de nosotros!" "¡Arriba "fulano", enséñale lo que es un palmero!" Y cuando yo me viro a explicarle que estaban confundidos, que eso era un error, que ni me llamaba como aquel "fulano", ni era de La Palma, siento que aquel animal me levanta en el aire, sin ponerme cinta, ni nada, que me pega una *reverona* y que me tira casi de cabeza en la tierra. Sinceramente, no me ocupé más de aclarar el enredo aquel, y cogí por una guardarraya *pa'llá,* a buscar el caballo mío y ver cómo me iba para la casa, porque el cerebro me estaba dando más vueltas que un trompo.

Ilustración de la lucha canaria.

Grupo folclórico canario.

La Virgen de las Nieves
(Patrona de la isla canaria de La Palma)

X

Cuando uno llega a viejo se pone a pensar y a pasar revista a lo vivido, y hasta se pega a separar cosas buenas y malas; yo estoy seguro que entre las mejores que recuerdo, de mis años en El Guajén, fue el haber conocido al poeta Manuel "Cuquillo"[12]. Era isleño como yo, había nacido en el Mazo y de muchachón emigró a Cuba; nunca ha pisado tierra cubana un decimista de allá, más rápido y bueno que este, pero además de eso, estaba lleno de misterios en su vida, se decían tantas cosas de él, que cualquiera se interesaba en su historia, nada más que se la oyera mentar a los viejos de por esa zona.

Resulta que cuando nosotros nos mudamos para ese lugar, ya él trabajaba en la tienda de los Perdomo, y tenía en un ranchito a su mujer, Luisa, y a su hijo Caridad, que era como diez años menor que yo, y que después resultó también un poeta tremendo, y un cantante con una tonalidad mejor que la de su padre. Es que las obras de Cuquillo eran tan tremendas que te daban *tontera*, no su voz, que era un poco ronca y del montón, pero eso lo remediaba rápido, cuando la gente empezaba a analizar lo que decía en sus poesías y se daban cuenta que ese hombre era un genio de repentista.

De él se contaban infinidad de cosas: que había

---

[12] Nació en la Villa de Mazo, La Palma, Canarias, el 16 de junio de 1880 y emigró a Cuba. Fue un excelente poeta popular.

venido clandestino de Canarias, que había tenido un problema muy grande en Vueltabajo
cuando un alzamiento liberal, y que por una razón misteriosa negaba su firma y decía que no
sabía leer ni escribir. Todo eso se decía y más,
¡hasta que había matado a un hombre en de-
fensa propia y se había cambiado el nombre y los
apellidos! Bueno, y de contra se desapareció de
pronto de El Guajén, con su familia, y puso el
negocio con un dinero que desenterró. Eso de la
botija que se encontró Cuquillo lo supo todo el
mundo, hasta él mismo no lo negaba, dicen que
compartió el tesoro con su mejor amigo.

No había un baile en la zona que no lo invita-
ran a cantar, ¡era un bárbaro! Le daba chance a
los contrarios y cuando más embullados estaban, acababa con ellos; le bajaba la cuchilla a
rente, con una décimas que parecían hechas por
un genio, y es que lo era. Una vez, iba a empezar
una controversia con un poeta de lo más bueno,
que era negro, y como Cuquillo era guajiro, para
buscarle las cosquillas, el otro le dijo:

"¿Quién ha visto a los del monte,
cantando con los de aquí?"
Cuquillo, entonces, le respondió:
"¿Y quién ha visto a un totí
cantando con un sinsonte?"

Eso se lo cantó porque el totí es más negro, que
un mismo negro, y un sinsonte es el rey de los
pájaros cantadores. Después, siguió el otro, y le
dijo:

73

"Yo canto con naturaleza,
te lo digo amigo mío"

Cuquillo, se fijó en las pasas que el negro tenía en la cabeza y le dijo:

"Será por el paserío
que tienes en la cabeza".

La verdad es que el hombre era un bárbaro. A mí no se me olvida nunca que esa noche cantó muchísimo, y hubo una obra que todo lo terminaba diciendo:

"Porque tengo en el salón,
la pieza comprometida".

Yo de muchacho, dígole un día, en la tiendecita: "Cuquillo, ¿es verdad lo que cuentan, que usted no sabe escribir?", él me dijo que era verdad, y como yo me lo imaginaba tan *estudia'o*, le dije: "Pero si todos los poetas van al colegio". Se rió de mí y me dedicó una poesía sobre Canarias, que me ha pesado cantidad que se me haya olvidado. Esa fue una de las veces que hablé con él, porque parece que yo le caía bien, porque a cada rato me saludaba y *jaraneaba* conmigo.

A Cuquillo, dísele una vez un poeta, que quería probarlo:

"¿De dónde vienes?
¿Pa' dónde vas?

¿Cómo te llamas?
¿Qué tal estás?
Y él le respondió:
"De atrás vengo
pa'lante voy,
Manuel me llamo
yo bien estoy".

Al Guajén y al Troncón, vinieron los poetas más famosos a cantar con Cuquillo, ¡si hasta cuando le vendía a alguien una cosa en la tienda, le decía una décima!; a veces, la gente iba a comprarle uno o dos quilos de algo, nada más que para oírlo cantar, porque él no escribía nada, pero era tan culto y educado, que siempre complacía a los clientes con una o dos estrofas, aunque estuviera apurado.

Y miren lo que son las cosas de la vida, tanto que cantaba y le salió un cáncer en la garganta; yo me acuerdo de verlo más viejo, en el pueblo, con un trapo amarrado en el pescuezo, y vendiendo papeles con sus décimas, para poder pagarse el viaje a La Habana para curarse; allá, en el hospital[13], los médicos no le creyeron que era poeta, y entonces hizo su famosa obra dedicada al cáncer, que empezaba así:

"Gérmen demoledor de mi organismo,
que por matarme a mí, morir tú
mismo..." [14]

---

[13] Está situado en la calle L, en el Vedado, La Habana.

[14] "Quieres maligno hambriento, morar en mi garganta,

Yo creo que casi nadie se la aprendió completa, porque esa obra era misteriosa, Cuquillo se adelantó en el tiempo, porque le dijo al cáncer todo lo diabólico y maligno que era, y que los dos se morirían juntos; quizás por atreverse a decirle eso no pudo vivir mucho tiempo, y se murió muy enfermo, por allá, por Santa Clara. Yo estoy seguro que a ese poeta isleño nadie lo olvidó en esta zona, ese ha sido el más famoso que ha habido por aquí, lo digo yo, que llevo viviendo en Guayos y Cabaiguán, más de ochenta años.

Laud.

---

vivir en mis arterias, debilitar mi fuerza, / descuerdarle la lengua a quien divino canta, / destruirle los labios a quien sublime versa.
Quiera Dios que el radium quirúrgico retuerza / Tu roja tez, que a la humanidad espanta / Y arranque tu existencia dragónica perversa, / Las manos de la ciencia soberana y santa.
Quieres que sirva al mundo de horrendo asombro / Y ser antes del fin, hediondo escombro, / Que se me conceda con justeza el desconjuro,
Germen demoledor de mi organismo, / Que para matarme a mí, morir tú mismo, /Para poder cantarle al rayo en el futuro".

Tres cubanos.

Guitarra española.

XI

A nosotros nos gustaba de muchachones, igual que hacíamos en Arroyo Lajas, sentarnos por la noche alrededor de la mesa de comer, en el sitio del Guajén, a escuchar las cosas pasadas de la familia, que contaba mamá. Así supe que mis abuelos, por parte de ella, no eran venezolanos. Ellos se fueron para ese país a ver si tenían una mejoría, pues estaban muy mal en Tenerife; se llevaron a todos sus hijos y cogieron un barco velero hasta La Guaira, porque cuando aquello estaba de moda ese puerto entre los isleños, y donde hubiera gente conocida de su tierra, era mejor.

Cuando aquello la vida no era como ahora, que todo está civilizado, entonces en tierra firme había muchas selvas y pocas carreteras, y la gente tenía que moverse en carretas y caballos. Decía mamá, que cuando caía un aguacero, la finca se quedaba incomunicada y se necesitaban muchos días para poder salir; ella misma se convirtió en una jineta tremenda. Lo mismo se enredaba con una montura, que con un lazo, y me contaba que parecía una gente de esas de las películas americanas del oeste; siempre andaba con un revólver a la cintura y alguna escopeta en la bestia. Lo que quiero decir es que, además de hombres malos, bandoleros y todo eso, había animales salvajes, que eran de cuidado, especialmente unas serpientes venenosas, que mataban al que cogieran por *alante,* sin mirar si eran hombres, mujeres, viejos o niños. Por eso, no sólo mamá y los demás de la familia, sino todo el mundo, andaba armado hasta los dientes.

De eso hace ciento y pico de años y ya había isleños en Venezuela. Ese país ha sido como Cuba, cada vez que hay fandango en Canarias, la gente coge para acá o para aquel rumbo. Mamá me contaba que ellos se fueron de su país porque había una cosa que se llamaba *cochinilla*[15], con lo que se teñía, y que las personas de entonces hacían grandes ventas, pero aquello fue para abajo y esos cultivos decayeron y casi se acabaron; también ella hablaba de unas sequías grandes que no dejaban sembrar, ni coger nada de la tierra, y una miseria que le *roncaba el mango*, la gente se iba de allí porque no había quien viviera de esa forma.

Mi abuela Rosa, por parte de madre, se quedó viuda, porque mi abuelo, que se llamaba Felipe se enfermó y se murió, quedándose ella sola. Bueno estaba con los hijos, pero eran tiempos difíciles. La cosa fue que cuando esa novedad ocurrió algo, que desde que mamá me lo contó muy seria y con mucho respeto, me ha valido para saber que los muertos pueden aparecerse sin hacer daño y que hay más de un dios en el cielo.

Decía la vieja, que abuela Rosa, en los días de

---

[15] Insecto que habita en las tuneras y que sirve como colorante o tinte, de calidad excelente. Su producción constituyó fuente de subsistencia para los habitantes de las Islas Canarias, de finales del siglo XIX, y su crisis, por la competencia de los colorantes artificiales, significó una catástrofe económica para el Archipiélago.

la enfermedad mala del marido, le pidió a él un favor. Ella le dijo: "Felipe, dicen que hay otro Dios a quien dar cuenta, y yo quiero que tú me avises si mueres primero que yo, si es verdad que hay otro a quien rendir explicaciones". El día que abuelo murió lo velaron en la casa y por la noche, con toda la gente allí, se sintió en la acera de afuera el ruido de un bastón; abuelo usaba uno en sus últimos años, pero como llevaba tiempo en cama, no lo había sacado más. Mamá me contó que ella, personalmente, oyó aquella noche el sonido familiar del bastón de su padre y su taconeo, y vio a abuela Rosa que se levantó de su silla y salió al patio. Él estaba muerto allí, pero el sonido seguía oyéndose. Entonces mi abuela se lo encontró, parado en la acera, apoyado en su bastón y le dijo: "Felipe, vete a gozar de Dios, que ya sé que hay otro a quien dar cuenta". Después se fue taconeando y desapareció, entonces lo enterraron y no se supo nada más, pero abuela Rosa se pasó todos los días que le quedaron en vida, diciendo que él le dio el aviso, que había otro Dios a quien dar cuenta. Esas cosas misteriosas se veían en Venezuela, aunque en Cuba yo también oí cuentos que te hacían pensar, y a mí mismo, me pasaron cosas que nunca se me han olvidado.

Inmigrantes canarios hacia Venezuela.

XII

A cualquiera le sale un muerto, y más en el campo, de noche y cuando uno está sólo. Dicen que eso es importantísimo, porque los muertos salen cuando ven que no hay más nadie, son abusadores y aprovechados, no importa que sea para decir algo, hacer el mal o para asustar, nada más a la persona. A mí me pasó una vez, aquí en Cuba, una cosa rara de esas; nunca lo he contado porque me da pena. Ese día sentí miedo, y yo estaba curado de espanto, pero esa noche fue algo diferente, una cosa así de mal presagio, como cuando uno oye aullar a un perro.

Esa vez iba yo a caballo y me pasó una lechuza chillando por arriba de la cabeza, eso siempre me ha dado mala espina y me revuelve los escalofríos, porque ese bicho es un pájaro de mal agüero. Dígome: "Pancho, abre los ojos que puedes llevarte una sorpresa esta noche". Como a la una de la madrugada, llegando a Río Abajo a pasar una Noche Buena, en casa de una sobrina que quería casi, o más, que una hija, veo un jagüey *aparia'o* al camino, y arriba de él, con los brazos abiertos *a más no poder*, un fantasma; ¡por poco me cago!, la aparición estaba quieta, en lo alto, vestida de blanco y con la luna dándole en el centro del pecho. Yo no podía creer lo que veía, para mí era un hombre muerto, parado tieso y enganchado en los gajos de la mata, y justo por donde yo tenía que pasar.

En eso la yegua que llevaba, una bestia muy

buena, *encarnó* en aquello, juntó las cuatro patas y empezó a echar para atrás; no me acobardé
y *jalé* por el revólver, porque yo usaba un arma,
pero cuando iba a hablar, me di cuenta que tenía
la lengua enredada por el nerviosismo. Controlé
la yegua, y por fin, dígole al aparecido: "¡Amigo,
no quiero juegos, se quita de ahí para cruzar o le
entro a tiros!"

Yo estaba solito, a esa hora, en el medio del
monte, y la cosa aquella no se movía, ni hablaba
nada para meterme miedo; yo me dije: ¡Pancho,
de aquí no viras para atrás! Y *jalé* por el revólver, ¡carajo!, y hago así, ¡tan, tan!, y lo partí medio a medio, y en vez del muerto gritar, siguió
quietecito. Me acerqué más, a ver qué había pasado, y me encontré una yagua, virada por la
parte blanca de adentro, que se había caído de
la palma, enredada en los gajos del jagüey y con
la penca atravesada, como si fueran unos brazos.
Lo primero que pensé fue en una bruja que se
había transformado, pero me acordé de un
cuento que me hacían cuando chiquito, allá en
Canarias, de que en Cuba las pencas de las palmas reales, que se ponen en cruz, no las dejan
entrar, y me dije: "¡Así son todos los miedos, carajo!", y seguí tan campante como si nada.

Lechuza.

Palma Real.

XIII

En Canarias había brujas y en Cuba, viudas. Ya ninguna de ellas existe, aunque fueron dueñas de medio mundo, pero cuando uno menciona sus nombres, hasta se parecen, y hay gente que las confunden; pero no eran lo mismo, de eso nada, en ese aspecto hay que estar bien claro como yo. Por eso lo voy a explicar con detalles, para que nadie diga por ahí: "¡A mi abuela le salió una bruja!", en vez de contar que sólo fue una viuda. Es que en Cuba, como ya dije, nadie puede decir que han habido brujas, ya lo expliqué antes; algunos isleños inventaron lo de los viajes de Canarias a acá, de mujeres en sueños, arriba de un palo de escoba o en una cáscara de huevo, pero lo que pasaba era que en este país el árbol nacional es la palma, y todo el paisaje está lleno de ellas; entonces las palmas reales tienen algunas pencas que se ponen, por capricho, en forma de cruz y ahuyentan a las brujas, las azoran y no las dejan entrar. Además, en Cuba hay muchos hombres que tienen cantidad de pelos en el pecho y en la espalda, también en forma de cruz, y eso cumple la misma misión de mantenerlas lejos. Todo eso me lo contaron mis abuelos Antonio y Rosa, por parte de padre, porque de brujas, si sabían ellos.

Las brujas estaban poseídas por el Diablo, por Satanás que es el mismo, y estaban en contra de Dios y de todo lo bueno. En Canarias se encontraban a la *patá*, y a veces se transformaban en herramientas o en animales; ya se han acabado porque llegó la electricidad y otros adelantos, ¡imagínese cualquiera el susto que se llevaría una bruja, si de pronto baja de su escoba en medio de una carretera! Cuando yo vivía en Tenerife eso era tremendo; recuerdo los cuentos que hacían las viejas de San José, cuando el señor Manuel pasó el susto más grande de su vida. La cosa fue que iba a buscar leche, de madrugada, a San Juan, y tenía que cruzar un barranco; *apenitas* había bajado, sintió que lo empujaban por un lado y cuando se viró, lo golpearon por el otro, y él no veía a nadie. Entonces, de pronto, se dio cuenta de que una de las vasijas salía de sus manos rumbo al aire, y ahí empezó a oír las risas de mujeres y a ver el cacharro de un lado a otro, como si fuera una pelota de *pin pon*; desde que pudo salió corriendo *desmelena'o,* pero le sonaron un golpetazo en la cabeza con su propia vasija, que casi lo dejan sin sentido. Él no sabía cómo se había escapado, pero juró que más nunca pasaría por allí, y menos en la oscuridad, y oí decir, muy en serio, que lo cumplió. ¡No digo yo, *hasta el más pinto de la paloma* se impresiona con un susto así! No me hubiera extrañado verlo en un barco, huyendo para Cuba.

También en los pajeros[16], había serenos para cuidar por la noche, y las brujas se dedicaban a divertirse con ellos, se le aparecían de pronto,

---

[16] Habitaciones rurales, humildes y solitarias, en los campos de Canarias.

conversaban entre sí y se reían; las brujas hacían eso siempre: reírse para asustar a las personas. Después que se cansaban de sus maldades, los rodeaban y de pronto se desaparecían, dándole un golpe o empujándolos. Andaban vestidas de negro y algunas se ponían caretas para que no las conocieran de día, porque ellas se paseaban entre los vecinos de los pueblos y nadie sabía quiénes eran. En la noche de San Silvestre, el 31 de diciembre, las brujas salían y metían tremendo *fetecún;* ellas se reunían en sus bailaderos, en los sitios altos y estaban en eso hasta casi el aclarar.

Un remedio buenísimo para ahuyentar brujas eran los velorios de paridas; allí se reunía mucha gente: familiares, amigos y conocidos, que cuidaban a la criatura recién nacida durante noches, para que la maldad no se apoderara de ella. Las mujeres ponían las tijeras en forma de cruz, donde se les ocurriera, pero decían que esconderlas detrás de la puerta o abajo de la almohada, era una garantía. Siempre se le decía al inocente: "Dios lo bendiga".

Mis abuelos repetían a cada rato un cuento, que había pasado en las afueras de San Juan. A un matrimonio ya mayor, que tenía muchas hijas, le nació su primer varón, de lo más *chulo* y se pusieron contentísimos.

La gente del pueblo lo celebraba, y decía: "Este niño va a crecer *ñoño*, porque es hijo de viejos", y la verdad que todo el mundo en los alrededores estaba *culeco* con la criatura. Para evitar que las brujas lo dañaran, hicieron un velorio de parida,

y como el niño fue bautizado, se pasaron dos semanas en eso; allí pusieron las tijeras bajo la almohada, porque la criatura era varón, llevaron
gallinas, huevos y chocolates, y se divirtieron
con juegos de cartas, para los hombres y de pren-
das personales, para las mujeres.

Cuando todos estuvieron seguros de que las
brujas estaban ahuyentadas, se fueron, y la vida
en aquella casa cogió su ritmo. Pero había una
mala mujer en el pueblo, que nadie sabía que era
bruja y se antojó del niño. Entonces se apareció
una noche y tocó a la puerta del matrimonio pi-
diendo limosna, un *cacho* de pan o algo así;
cuando la madre la miró bien, descubrió la nariz
de cotorra, con una verruga del tamaño de un
frijol, y cerró la puerta asustada. La bruja empezó a gritar con rabia: "¡No me la das, pues ya
la tendrás!". Abuela Rosa decía, que ese era un
dicho preferido por esas hijas de Satanás, y que
cuando lo utilizaban, era que algo malo iba a pasar.

Los padres de la criatura cerraron bien todas
las puertas y ventanas, pidieron la bendición al
Todopoderoso, encendieron velas y pusieron en
cruz todo lo que encontraron; pero la bruja se
convirtió en ratón, se coló en la casa por un agu-
jero, y regó *dormidera* por todos los rincones de
los cuartos. Por eso se durmieron los padres, si
no, con lo preocupados que estaban, no hubieran
pegado los ojos en toda la noche. Entonces, la
bruja cogió al niño y se preparó a chuparle la
sangre, pero no se sabe quién puso su mano, si

fue Dios o fue el Diablo, porque cuando fue a da-
ñarlo, el inocente, que parece que no lo era tanto,
le dio una mordida en la nariz a la vieja, que casi
se la arranca. Ni la bruja, ni nadie, explicaron lo
que pasó, de donde salieron aquellos dientes en
una criatura así, pero la verdad fue que la bruja
salió de la casa tinta en sangre y se perdió del
pueblo *como perro que va sonando la lata*.

También estaban los "chupasangre" y los "en-
sabanados", que eran socios de las brujas y hacían su daño en medio de los caminos, en los pa-
tios de las casas y hasta en los portales, y nadie
los cogía porque eran mágicos.

Ahora, ya dije que las viudas eran diferentes,
significaban otra cosa, esas estaban aquí en
Cuba, salían de noche vestidas de negro y no
eran mujeres. Los muchachos y mucha gente
grande les tenían un miedo que se *asiscaban*,
porque se hacían muchos cuentos misteriosos
sobre ellas, pero yo sabía que eso era nada más
que un truco para despistar. A veces ibas por
una calle oscura de un pueblo y veías pasar una
sombra, y si no te asustabas, la cogías entrando
en una casa; las viudas no eran esposas con ropa
de luto, porque tenían al marido muerto, si no
hombres disfrazados para que no los reconocie-
ran; ellos no hacían otra cosa que meterse por
las noches, a pasarla bien, en casa de sus queri-
das.

A mí una vez me pasó una cosa con una viuda
de Sancti Spíritus. Venía yo medio entretenido
al oscurecer, caminando por un callejón de los
que quedan por atrás del parque, y me sale, de

sopetón, un bulto negro que chocó conmigo; yo dije: "¡Carajo!", y le eché mano al cuchillo, entonces, vi a aquella cosa enderezarse, sin el trapo negro en la cabeza, porque se le había caído, y decirme por debajo del bigote, con una voz más gorda que la mía: "¡Perdón, señor!", y arrancar a correr calle abajo, enredándose en el vestido y sin mirar para atrás, *como alma que se la lleva el diablo.*

Las llamadas Brujas del Bailadero de Anaga eran mujeres que participaban en aquelarres bailando en torno a una hoguera (de ahí el nombre de la zona *El Bailadero*), en una zona montañosa del noreste de la isla de Tenerife, llamada Macizo de Anaga (Canarias, España). [N. del E.]

Ciudad de Sancti Spíritus, Cuba.

XIV

La verdad que en El Guajén no nos fue mal. Nosotros hicimos algún dinero trabajando duro y cuando ya era un muchachón, por el 1927 o 1928, compramos una finquita, de una caballería y cuarto, en La Fragua, en ocho mil pesos, donde vivimos una pila de años; me acuerdo que era soltero todavía y que había aprendido mucho del campo.

Por allí teníamos algunos vecinos, muchos de ellos isleños como nosotros; cuando aquello la mitad de la gente de Canarias había venido para Cuba. Recuerdo a don Vicente, que tenía un sitio a menos de un kilómetro de la carretera, y que daba cuatro viajes a la semana a Guayos, en un camión destartalado, que debió ser el primero que trajeron a Cuba en la época de los españoles; a veces nosotros aprovechábamos, montábamos con él porque no nos cobraba nada, y llevábamos cosas para vender al pueblo.

Un día, que lo estaba esperando con unos racimos de plátanos, lo veo venir de rumbo a su casa, con unos sacos y montado en una yegua, dígole: "Buenos días, don Vicente, ¿cambió el carro, por la bestia?", y me respondió: "No, es que una cosa vieja hay que atenderla, se lo dejé a Chicho, un mecánico, que le va a hacer algo".

Como no vi más el camión, me acostumbré a ir al pueblo a caballo y se me olvidó el carro de don Vicente, pero resulta que todo eso se convirtió en

una historia muy buena, para darle en la cabeza, a esos que andan diciendo por ahí, que los
isleños no somos de verdad enamorados del
campo y de sus cosas.

Todo empezó un día en que Chicho iba saliendo
de su garaje, se encontró a don Vicente y lo trajo
en un carro desde Guayos hasta La Fragua.
Como el mecánico sabía que el viejo era muy
apega'o a su *tareco* y que por nada del mundo se
compraría uno nuevo, le fue metiendo cosas en
la cabeza por el camino, como si se la estuviera
j*urando* y encajándole ideas por ese hueco; le
preguntaba que por qué no se embullaba a arre-
glar el camión, que él le reparaba el motor, le
chapisteaba la lata y se lo pintaba, que total, que
se lo dejaba nuevecito. Don Vicente se resistió al
principio, porque él llevaba muchos años depen-
diendo de su camión para todo, pero Chicho lo
convenció con dos cosas; primero le aseguró, que
el trabajo no pasaba de quince días, y segundo,
le preguntó: "¿Usted sabe de quién es esta máquina?". Como el viejo estaba más *perdí'o* que *un
ciego en un platanal, en una noche sin luna*, le
dijo: "Mire, este es el *fotingo* de Eugenio, el del
Ingenito". Entonces pasó lo que el mecánico quería, don Vicente se quedó mudo de asombro, no
lo creía y le dijo: "Pero, Chicho, si este carro está
nuevo, ¿cómo va a *mangarme* usted con eso? El
mecánico *pegó* a darle explicaciones de sus *mañas*, de su sabiduría, que aquel arreglo lo había
hecho él solito, y al final quedaron en llevar para
el taller el camión de don Vicente, y que este
diera una vuelta todos los días, para ver cómo

estaba quedando la cosa.

Pero resultó que Juana, la mujer, empezó a decirle que si estaba loco, que en quince días sin camión iban a dejar de vender mucho, que sus idas y venidas al pueblo iban a tener la finca desatendida, que la casa, que los animales y una pila de cosas más, que a veces *son* verdad, pero también mentira, porque las mujeres, si se ven acorraladas por el pensamiento de los hombres, inventan las cosas más *imaginarias* del mundo. Pero a lo que iba, cuando hay un isleño decidido, no lo para ni un tren y Vicente se plantó y dijo que eso era trabajar para el futuro, y que ya estaba hecho. Y al otro día cumplió su palabra, porque se apareció con su camión al garaje del mecánico y se lo dejó parqueado.

Entonces fue cuando empezó la cosa de verdad. Mi vecino se pasaba horas y horas pegado al camión, que si hay que hacerle aquello, que no me gusta así, que hay que comprar otra pintura y Chicho molesto, porque el viejo se *entrometía* en todo. A veces hasta el propio don Vicente iba a la ferretería de Sancti Spíritus, como a veinte kilómetros, a comprar una pieza, y dos veces hizo cambiarle el color del camión al hombre. Que total, que casi al final del cuento, llevaba un mes en esos trajines, y lo que Juana le había dicho, se había cumplido: cantidad de dinero gastado, el sitio casi abandonado, y lo peor, su única vaca, Mariposa, ese animal noble que tanta leche estaba dando, atendida por los vecinos, ¡ese corazón con patas y tarros que era como si fuera una hija, como si fuera de la *mismitica* familia!

Un día, se le subió a don Vicente para la cabeza lo de isleño, porque aquella situación no la aguantaba más, y se fue para el pueblo a traer el carro como estuviera; entró al taller peleando como un *condena'o*, pero cuando vio el camión se quedó *patitieso*, ¡qué sorpresa se llevó! Estaba como nuevecito, y Chicho había encontrado hasta el mismo color que traía de fábrica. Se montó y en su *contentura*, hasta se le olvidó que era el dueño, porque le pidió permiso al mecánico para arrancarlo. Eso sí, se quitó el machete, las espuelas, las polainas y el sombrero, para no *fastidiar* los asientos acabaditos de tapizar.

Por el camino, no hizo otra cosa que pensar en la cara que pondría su mujer, cuando viera cómo había quedado el camión; hasta se la imaginó diciendo: "¡Viejo, hay que ver que eres un bárbaro, perdona por lo que te dije, tú siempre tienes la razón!". Y después darle un beso, de los de cariño de verdad.

Ya estaba llegando al sitio, cuando de pronto, en el momento que enfilaba loma abajo por el camino del portón, se le atravesó delante su vaca Mariposa, y se dio cuenta que tenía que escoger: ¡o tirarse contra el horcón y desbaratar el carro, o matar a la vaca!

Al otro día temprano, todos los vecinos fuimos a verlo; cuando yo entré a su cuarto, lo encontré, el pobre, de lo más mal y todo magullado, pero lo vi contento: estaba desayunando como a él le gustaba desde hacía años, con un jarro de leche, acabadito de ordeñar.

XV

A mi tía Rosa, la que murió en Cabaiguán, le pasó un caso por vuelta a San Pablo, cuando iba a ver al médico, que no se me ha olvidado nunca. Resulta que iba a caballo, montada detrás del marido, por una vereda de monte muy larga llamada *Punta e' Lanza,* y que tenía al lado un arroyo que hacía un caracol entre los árboles; pues cuando les faltaba más o menos un cordel, para cruzar el paso conocido por Mayajara, de buenas a primera se le *escarrancha* a la *zanca* una mujer que parecía caída del cielo, y al rato, a la vuelta del arroyo, se le desapareció; a ellos no les dio tiempo de nada, cuando reaccionaron, se había perdido. En ese momento no sintieron miedo, pero después, cuando se pusieron a pensar, se quedaron *entieza'os*, porque se dieron cuenta que esa cosa, que se les había montado en el caballo, era un fantasma.

Claro que al médico no le contaron nada de aquello, ¿para qué? Además, con la enfermedad del interior tan seria que tenía mi tía, se desentendieron del asunto; pero la verdad es que cuando las cosas son del misterio, siempre hay un augurio oscuro, y eso fue lo que quiso decirles aquel fantasma que se les apareció.

El médico la revisó bien y le recetó que lo suyo llevaba una operación muy complicada y entonces ellos cogieron otra vez, a caballo, el camino de regreso para su casa en Río Abajo, pero no les pasó más nada. Mi tía pasaba los días muy mal, estaban solos en el sitio y aquella zona de aromales no tenía casi vecinos que la consolaran. Cuando aquello se decayó mucho y se puso muy *pensatible*, por lo de la operación.

Ella tenía un hijo, hermano de mi sobrina preferida Paulina, que se llamaba Manolo y que no pasaba de dieciocho años; entonces, un día, lo ven coger rumbo a una casa de tabaco, toda desmantelada, que nada más le quedaban las barrederas y los palos del techo, y allí empezaron a darle unos ataques tremendos: aguantó dieciocho, como los años que tenía, y no se cayó para el suelo; lo que hacía era temblar, tirarse contra las barrederas y echar *espumarajos* por la boca. Lo que le pasaba a mi sobrino era, que se le había desarrollado una guía espiritual de un médico español, que ya se había muerto hacía años; eso es una guía que se apoderaba de uno, la gente nueva de hoy no conoce eso, se te metía en el cuerpo sin tú quererlo, era una fuerza misteriosa, que se adueñaba del interior de la persona, sin saberlo.

Al muchacho no había quién lo controlara, y la madre, al verlo así, empezó a llorar y cuando pudo le dijo: "¡Pero mi hijo, ¿qué te pasa?!" Él no le respondió, pero le hizo una seña con la mano y siguió temblando. Ella no paró de gritar y le preguntó: "¡Mi hijo, ¿qué es lo que tú tienes?, háblame, dime algo!" Entonces, delante de las otras hijas que también estaban allí y moviendo una mano, le dijo con una voz desconocida: "Hermana, yo no soy tu hijo, he tomado el cuerpo de tu hijo, estoy en su interior", y siguió diciendo

con una voz muy ronca: "Hermana, ¿no recuerdas que estando tú allá en la tierra donde na-
ciste, cuando esta materia que ahora poseo era
chiquita, cuando era sólo un niño, y tú lo tenías
boca abajo en un paño, llegó un médico viejo a tu
casa de visita, un médico español, que empezó a
celebrar a la criatura?". Dísele mi tía: "Sí, mamá
fue quién le abrió la puerta, si como no, yo me
acuerdo". La voz extraña, le preguntó entonces.
"¿Hermana, y tú no recuerdas el nombre que dio
ese médico?", y ella le respondió que sí, con la
cabeza. El hijo que estaba poseído, le dijo: "¿Sería, por casualidad, Valentín Vicente?

Mi tía gritó nada más: "¡Carijo!", porque ese era
el nombre de aquel médico, que hacía años había
celebrado a su hijo en Canarias. La voz volvió a
decirle: "Pues desde entonces yo empecé a entrar
en esta materia y no la he dejado".

A partir de ese momento, Manolo se volvió curandero, pero un curandero especial, con el médico aquel adentro, que era la guía espiritual
que no lo abandonaba. Allí mismo, en la casa de
tabaco, emparejó el piso, y él, que no sabía ni poner la O, porque no había estudiado nunca, escribió con la yema del dedo, un nombre raro, y le
dijo a la madre, con la voz rara aquella: "Hermana, tal medicina es la cura tuya, si la tomas
no tienes que operarte, no la busques en ninguna de las boticas de por aquí, pero en Cama-
güey, en tal farmacia, quedan dos pomitos de
esas gotas."

Y pueden creer, que fue el marido a ese lugar,
y encontró la botica, ¡y quedaban nada más que

dos pomitos en la vidriera!; se los trajo a la mujer y no tuvo que operarse. ¡El mismo hijo curó a la madre! ¡Si todavía hago el cuento y me erizo completo! Eso fue un milagro de Dios, que no abandona a los necesitados, y busca la forma de estar presente, como esa vez que hizo curandero a ese sobrino mío.

De esa forma siguió curando enfermos y fue cogiendo fama hasta fuera de la zona; de la noche a la mañana, empezó a trabajar la brujería, parece que el Diablo se le metió de pronto en el interior y lo llevó por el camino del mal, porque ya todo lo hacía con mala voluntad para hacer daño y causar males.

Desde que empezó a pasar todo eso, la guía del médico español se le escapó del cuerpo, parece que se dio cuenta enseguida de lo que estaba pasando y fue a parar a La Habana, a casa de un medio hermano mío y allí se le encarnó, para que alguno de la familia siguiera haciendo el bien por el mundo, con humanidad. Y yo lo comprobé personalmente muchas veces, porque cuando alguien iba a pedir una receta, él agarraba y se quedaba *lelo*, *pensatible* y con la misma se transportaba al más allá, a lo desconocido, y volvía con el remedio para la cura; él también fue un curandero especial, y sabía trabajar con las yerbas y las medicinas de las boticas; por eso la guía no lo abandonó nunca hasta su muerte y mucha gente le estuvieron agradecidos toda la vida, por el desinterés que tenía y el bien que causaba.

En cuanto a mi sobrino, que de curandero honrado se había metido a brujo, yo me propuse averiguar lo qué le había pasado y un día, sin que él lo supiera, me le aparecí a caballo a una casa que había puesto en *Punta e' Lanza;* nada más que llegué y me bajé de la bestia, me di cuenta de lo que había pasado, porque tenía de mujer a una mulata, con cara de maldad, que había llenado todo aquello de cosas de brujería. Yo le dije: "¿Manolo, te has vuelto loco?", y él no me respondió, pero todas las esquinas de los cuartos y el comedor, estaban llenas de gallinas prietas, cocos secos, chivos apestosos y de toda esa barbaridad. Es que los materiales que se usan para los trabajos malignos, se conocen a simple vista.

La verdad es que yo le tengo horror a esas cosas, y le dije: "Mira primo, yo vine a visitarte y a quedarme esta noche contigo, porque el camino de aquí a Guayos es muy largo y el caballo está cansado, pero ni te imagines que voy a dormir aquí, en estas condiciones, tú eres un brujo"; también le pedí que ni me fuera a visitar, mientras estuviera metido en la brujería aquella, porque lo último que puede pensar un ser humano es en hacerle daño a sus semejantes y todos esos trabajos sucios y maleficios eran para eso.

Yo sé que el que hace daño no es humano, pero también conozco que en cuestión de brujerías a cualquiera lo transportan, de mala manera y sin darse cuenta, a ese bajo mundo; por eso no lo culpo del todo, porque la mulata lo volvió loco y lo metió a brujo. Lo que siento es que se volviera un desastre para toda su vida.

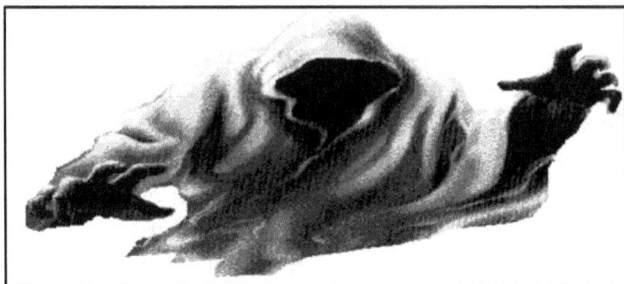

Fantasma

El diablo

Brujo

XVI

Si las brujas y las viudas se acabaron, no ha pasado lo mismo con el *mal de ojos*, porque todavía quedan por el mundo un montón de seres con fuerza en la vista, y que nada más de mirar a una criatura, una mata o un animal, acaban con ellos. Eso es un misterio que nadie ha podido averiguar, que lo lleva ese tipo de persona por dentro, porque nace con ella; fíjense que cosa esa, que si el ser humano, que tiene esa maldad involuntaria, quiere quitársela, no puede, porque es más fuerte que el cerebro y que el alma.

La gente se cree que el *mal de ojos* es cubano y no es así; él vino de Canarias. Los cuentos que yo le oí a mamá de cuando vivíamos allá, son muchísimos, aunque los de aquí en Cuba son para nunca acabar.

Allá en San José, había una vaca gorda y saludable que daba mucha leche; cuando los tiempos de antes, tener un animal así, era una garantía para la leche y el queso y resulta que había personas malas que le tenían envidia al dueño, que era un hombre que no se metía con nadie. Entonces, de pronto, la vaca empezó a secarse, casi no daba leche, y se puso flaca de no comer. ¡Hay que imaginarse cómo estaba la familia aquella, *se le habían caído las alas del corazón*! Todo el mundo se dio cuenta que le habían hecho *mal de ojos*. Enseguida trajeron a una santiguadora, que le leyó un rezo tres veces, haciendo cruces y diciendo. "Jesús, Jesús, Jesús"; al otro día, el animal empezó a mejorar, se levantó y *mordis-queó* algo, por la mañana ya estaba de lo más bien, y comiendo normalmente. Con el tiempo volvió a ser la lechera de antes, así y todo, la protegieron enseguida.

Cuando yo vivía en La Fragua conocí en Cuba a una mujer que hacía tremendo *mal de ojos*, ella era hermana del médico Ramos, de Guayos, casada con un ricachón llamado Jesús Fernández. ¡Lo que son las cosas!, ese hombre era el propietario más grande de toda esa zona y no podía quitarle la desgracia que llevaba su mujer por dentro; ella no podía celebrar a ninguna criatura. Yo digo que era mejor que ni se le acercara, porque enseguida el niño empezaba a llorar, vomitaba o le daba fiebre y hasta que alguien no se lo curara, seguía así. Eso había que curarlo, nada más, con rezos leídos o dichos de memoria, como el de San Luis Beltrán, que termina diciendo: "Amén Jesús CONSUMATUM est. (Se hace una cruz) CONSUMATUM est. (Se hace otra cruz) Amén Jesús". Ahí no valía otra cosa que no fuera eso, ni científicos, ni doctores, vaya, ¡*ni el médico chino*!

Ella sufría con eso y le daba mucha pena con las familias de los niños que afectaba; la pobre hasta lloraba, bueno, la pobre no, porque ya dije que era riquísima, pero todo no va en el dinero, hay virtudes, en los rincones que uno tiene en el interior, que son de lo más valiosas, que no se pueden comparar con los tesoros más grandes que hayan enterrado los piratas de antes, aunque sean cofres llenos de oro y piedras preciosas.

Eso es así, porque *el árbol que nace torcido, su tronco no se endereza jamás.*

Para evitar que a un niño, un árbol, o a un animal, le hicieran *mal de ojos*, había varios remedios, como pintarle con carbón una cruz en la espalda; también se le amarraban cintas rojas o se le ponía un azabache negro; había creyentes que le colgaban una cruz hecha de palo o cruzaban los dedos de la mano derecha y decían, tres veces seguidas, aguantando la respiración: *"¡solabaya, huélele el culito!"* Otra gente hacía mil inventos, pero esos que yo dije eran los mejores y los que todos se sabían de memoria.

Yo conocí a una mujer que tocaba una mata y la secaba, la ponía toda marchita, nada más de trasmitirle su calor se enfermaba, ¡y esa sí no se salvaba con nada!; igual que si uno se demora con una persona y no la cura a tiempo, se le puede reventar la hiel y seguro que se muere. Ese caso no tiene remedio.

Hay seres humanos que son de alma buena y no saben que un día pueden hacer *mal de ojos*, porque a veces, aunque nazcan con él, no se le declara hasta que son mayores; entonces es recomendable para todo el mundo, cuando se celebra sin darse cuenta a un niño, o a un animal saludable, decir enseguida: "¡Dios lo bendiga!". Yo, por ejemplo, tengo esa costumbre desde no sé cuándo, y eso que no hago ese mal, eso está más que comprobado en todos los años que he vivido, pero por si acaso, tomo mis precauciones.

También hay seres a los que no les entra el *mal de ojos*, de esos yo si soy uno, ni en Canarias ni en Cuba, me hicieron ese mal, y eso que San José y Arroyo Lajas estaban llenos de personas con fuerza de vista; cuando la tupición de las guayabas, dijeron que era *mal de ojos*, y los cocimientos me destrabaron las tripas, y cuando las fiebres que no se me quitaban, llevaron todas las curanderas de la zona, y me hicieron tantos *reza'os* y oí tantas explicaciones, que me hice un experto en *mal de ojos*. Yo respeto mucho eso, pero tenía mis razones ocultas; lo que nadie supo nunca fue que las fiebres me las provoqué yo mismo, porque papá me tenía aburrido con los bejucos de boniato para los puercos. Ustedes, sin que nadie se entere, porque con eso no se juega, cogen y se ponen un diente de ajo machacado, bien grande, debajo del brazo, en el mismo *sobaco*, y en cuestión de un rato tiene una fiebre del carajo; y no se preocupe por las medicinas que le den, o las otras curas que le hagan, aguante callado, ¡que usted está enfermo!

XVII

En la vida me he encontrado cada cosa y al final hay que creerlas, porque uno las ve y *son*
verdad, como por ejemplo el caso de don Tomás,
"el del agua", que era especial. Ese hombre era
un curandero tremendo; bueno, su mujer también, ellos lo mismo se *juntaban* para su trabajo,
que lo hacían cada cual por su lado, pero el mejor
era él. Eso sí, todo era con agua.

Con don Tomás yo tuve un caso muy mentado
y fue con un primo mío. El muchacho cayó enfermo, con un tremendo tumor en la ingle que
daba miedo; estaba desesperado del dolor y el
médico a lo único que *atinaba* era a picarlo, estaba antojado de darle cuchilla. Entonces,
dígole: "No te desesperes, aguanta un poquito,
antes que te ingresen para operarte, voy a ir a
casa de don Tomás, "el del agua".

Cuando eso no tenía confianza con él, pero me
le aparecí allá y me atendió de lo más bien; yo
nunca llegué a tener su amistad, pero nos rela-
cionamos por lo del curanderismo, y dígole: "Don
Tomás, vengo a que me dé una receta, porque
tengo este primo que se va a morir" y le expliqué
el caso y después que lo vio, díceme: "Oye, ¡te has
puesto dichoso, si lo llevas al médico y lo pican,
ahí mismo queda, porque ese tumor no se puede
picar! Eso me lo dijo personalmente don Tomás,
"el del agua" y no es cuento mío.

Yo vi que se fue para adentro de la casa y vino

con sus *apreparos*, y arregló un litro de agua; entonces, de un pantalón viejo, mandó a sacar una tirita de tela fina, de esas que están como forro y la cogió y la hizo una cruz. Yo estaba callado, y me dijo: "Pancho, coja ese plato en sus manos"; yo hice lo que me mandó y después lo llenó de agua y mojó la cruz una pila de veces. Al momento *pegó* a ponérsela arriba del tumor y mi primo, el pobre, ya no se podía ni levantar del dolor que sentía; así pasamos una noche completa, haciendo remedios a ver si lograba una mejoría.

Por la mañana, la *roceta* que tenía era grandísima, pero estaba llena de materia que antes no se veía, y ya se había vuelto un *nací'o* ciego. Al rato empezó a echar pus, y a arrugarse y arrugarse, hasta que se perdió; eso fue gracias a las cruces de agua que hizo don Tomás. Para mí, acabar con aquella cosa sin cabeza, que no tenía boca ni nada, fue una divinidad.

Yo estoy seguro, que toda la gente de antes habló de los milagros de don Tomás, "el del agua", y de su mujer María, que eran cubanos, y que vivían pegados a La Aurora, cogiendo por el callejoncito que había cuando aquello. En el tiempo en que yo los conocí, ya eran unos viejos *enclenques* de sesenta o setenta años, medio *arrenga'os*, pero todavía merecían respeto por sus trabajos y por todo lo que habían hecho en su vida.

Igual que el mundo estaba habitado de gente buena, también la había mala, o por lo menos burlona, pero casi siempre se llevaba lo suyo.

Una vez yo estaba en casa de don Tomás y se
aparecieron dos hombres a reírse de sus trabajos, yo me di cuenta enseguida, pero no lo dije
para no importunar. Ellos se presentaron y pidieron una receta para unas diarreas fenóme-
nas, pero lo que querían era probar a don Tomás
y para eso le mintieron. Él, muy *campante*, les
dijo: "Eso se les quita enseguida" y les *acotejó*
una botella de agua que no podían tapar con un
corcho, sino con una paja de maíz. También les
advirtió: "De esta agua no se puede tomar más
de tres tragos cada uno, pero ya verán que se
quedan bien".

Yo vi que salieron riéndose y se tomaron los
tres tragos y cuando iban, nada más que dejando
el patio, tuvieron que tirarse del caballo para el
suelo, con tremendos *retorcijones* de barriga,
porque se estaban *cagando* de verdad. Los dos se
ensuciaron en los pantalones, porque don Tomás
se lo hizo adrede; con gente así no se puede jugar
y mucho menos engañar, porque los poderes so-
brenaturales son muy grandes y permiten descubrir la burla y la mentira. De casos como estos, yo puedo contar muchísimos.

Él era vecino de nosotros y llegó a tener mucha
confianza con mi familia, conmigo no, no sé por
qué, pero siempre estábamos a distancia, a mí
mismo me curó una cosa que me molestaba bastante. Yo padecía de una fístula en el oído, que
no me dejaba vivir, era como una avispa que me
picaba allá adentro y lo que sentía era un tor-
mento, a veces quería arrancarme la oreja completa; entonces mamá me acompañó a casa de

don Tomás, porque yo con otros era guapo, pero para mis casos, no me gustaba ir sólo.

El médico quería operarme enseguida, porque iba a perder el oído, pero él me recetó tres gotas de un agua especial que me arregló en una botella, tres veces al día, para quitarme aquello y se me desapareció antes de una semana. ¡Y fíjense lo que son las cosas!, hoy no oigo nada del otro oído y el que querían operarme, es el que está casi entero todavía y todo gracias a los trabajos de don Tomás, "el del agua".

Manuel "Roña", para que decir, ese era otro curandero mundial, era tremendo espiritual; él vivía en las Trece Palmas, en la finquita que ahora es de los Guelmes. Con él pasaba igual que con don Tomás, curaba a cuanta gente iba a su casa, pero le mandaba medicinas que había en las boticas; los mismos médicos que tú ibas a visitar te decían: "No te puedo curar, vete a casa de Manuel "Roña". Un amigo mío fue a ver al doctor Ledesma y como descubrió que era un asunto desconocido, lo mandó a su casa, porque sabía que él hacía unas curas bárbaras y acababa con un montón de males que había entonces.

Cuando Manuel "Roña" supo que se iba a morir dejó la carta más misteriosa del mundo. Ahí demostró que era capaz de adivinar el futuro para muchos años; él escribió que llegaría el tiempo en que vivirían hermanos con hermanas y padres con hijas, y otros desastres. Ahí está la carta todavía, que era como la Biblia, dicen que la tenía guardada un nieto. A mí me contó todo eso de la carta Kiki Linares, que leyó toda esa visión del futuro y él era una persona muy seria, que no decía mentiras.

XVIII

Cosas de curanderos yo conocí montones, de eso puedo pasarme hablando una semana, pero había cada una que me impresionaban y yo no soy fácil para eso; lo que pasa es que cuando yo no me explico un caso que veo, pienso en lo sobrenatural y eso yo lo respeto más, que cuando papá me llamaba la atención de muchacho.

Un día estaba de visita en casa de unos isleños amigos míos y pego a darme una *jartera* de harina de maíz con leche y azúcar, que casi me reviento; ¡fíjense que tuve que ir directo *a podrir* a la hamaca del portal! Entonces, me empezaron tremendos dolores de barriga y de cabeza, me viraba para un lado y para el otro, y nada, los *retorcijones* eran más grandes y tenía una bola dura, en la boca del estómago, que parecía que me iba a dar un *tareco*.

La suerte que en aquel sitio, había una vieja isleña que sabía de aquellas cosas y me dijo enseguida que era un empacho; agarró una toalla y la puso en mi barriga y empezó a medir con el brazo. La primera vez, la mano me cayó en el pecho, y dijo: "¡Jesús, qué clase de empacho! Después, siguió haciendo eso y rezando, hasta que la mano le cayó exactica en la bola. Como a la hora, volvió a hacérmelo, porque según ella, el empacho era tremendo y me mandó a tomar un cocimiento de *cogollito* tierno de anón. Al rato me empecé a curar, se me quitaron los dolores, me bajó la bola y me metí en un platanal a *descargar*.

Mi hermana Catalina sólo sabía curar una cosa, pero era especial para eso; no hubo persona con nube en los ojos que llegara a su casa y no saliera sin su mal. En eso sí tuvo fama y era un misterio, porque no se lo enseñó a nadie, ¡ni a sus hijas!

En el campo, cuando los hombres van montados en las bestias, pasan muchos accidentes con los gajos de las matas, y un *ramajazo* fuerte en un ojo puede traer una nube peligrosa, que lo seque completo. Cualquiera pierde un ojo así. Pasa igual que con los animales. Yo sé de muchos casos que no se atendieron a tiempo y se quedaron ciegos, pero el que pasara por las manos de mi hermana, si iba rápido y *no se dormía en los laureles,* seguro que salía curado.

Había curanderas que usaban la sal, pero ella no; yo nunca he visto a otra que haga eso. Le cogía una mano al enfermo y le ligaba el dedo del corazón, el del medio, y cuando ya la sangre se trancaba y la yema del dedo se ponía morada, agarraba una aguja y se la pinchaba; entonces cogía esa mano y le echaba tres gotas adentro del ojo que tenía la nube, a veces estaba tan malo que tenía la niña seca y no se veía con él, pero ella le decía su rezado secreto y ahí mismo le cortaba la nube y se quedaba bien. ¡Cuántas curó ella así! Hasta el propio marido tuvo un problema una vez y se quedó casi ciego; tenía tremenda nube, y llegó Catalina y le hizo su cura, el remedio completo, y ahí está todavía viviendo en Manajanabo. Mi hermana aprendió eso con otro curandero, pero se encaprichó y no se lo enseñó a más nadie, así que ese fenómeno se va con ella a la tumba, y es una lástima, porque a muchas personas le hará falta.

La forma en que papá curaba el sol en la cabeza era otra cosa misteriosa, aunque con eso no pasaba como con lo que hacía mi hermana, porque esto si lo hacían otros curanderos. Él agarraba un vaso con agua, lo forraba con un trapo y lo ponía virado, en la cabeza del que tenía metido el sol adentro; ese problema pasaba mucho, porque había gente que caminaba o trabajaba en el campo sin sombrero, y eso se volvía peligroso, porque entraba, daba dolores, y no se podía sacar, si no se le hacía el remedio que conocía papá.

Él empezaba a rezar y a mover las manos y de pronto, sin que nadie se explicara, el sol se pasaba para el agua y la ponía a hervir y no se botaba ni una gotica; la cura te la hacía tres días distintos y te quitaba los dolores de cabeza. Yo me acuerdo que *sudaba como un caballo*, porque parece que todo ese calor se le pasaba al cuerpo y lo afectaba. Eso yo estaba cansado de vérselo hacer y nunca me dijo tampoco el secreto. Había curanderos que eran así y que por nada del mundo decían esas cosas, ni a sus familiares.

XIX

Entre la gente de antes eran muy famosos los tesoros enterrados, no tanto los de los piratas, porque yo creo que por aquí no anduvieron, como las botijas que tenían oro y plata y que las escondían los hacendados de cuando España, para que nadie las encontrara en quinientos años; por esta zona se cuenta que obligaban a los esclavos a enterrarlas para después matarlos, bueno, que el dinero siempre ha hecho falta y uno soñaba, o por lo menos tenía la esperanza de que un golpe de suerte lo favoreciera para toda la vida. Yo conozco muchos casos, como el del isleño Felipe, que era de Icod de los Vinos, al que se le apareció un negrito muerto, cuando estaba durmiendo, y le dijo dónde estaban enterrados quince mil pesos, pero su hermano se asustó muchísimo y le metió miedo para que dejaran aquello tranquilo. A lo mejor todavía se puede encontrar ese dinero, pero ¿quién es el macho que se atreve? Otro caso fue el de "Porrita", un mandadero que tenían en la finca de la carrera de palmas, que tampoco quiso sacar el dinero que soñó, porque decía que no era suyo y al final vinieron en un carro de La Habana y se lo llevaron todo. Lo de Miguel Jiménez fue diferente, porque ese si desenterró la plata y se volvieron locos todos en la casa, hasta ocurrió una desgracia con una hija, que una carreta la mató.

Ahí está el caso de Manuel "Cuquillo", el poeta que se encontró el tesoro en lo de los Perdomo;

ya dije que cuando eso yo vivía cerca de ellos, en el Guajén. Resulta que se rumoraba que por allí habían enterrado una riqueza muy grande y que todas las noches salía una luz entre los árboles y caía detrás de la tienda, donde trabajaban Gerónimo Perdomo y Cuquillo. Atrás de ese dinero había un montón de hombres, que llenaron todo aquello de huecos, *juraban* la tierra en todas partes, pero que no encontraban nada. Un día, debajo de una laja, "Cuquillo" se halló un cofre y con eso se mudó con su familia para El Troncón y puso su tienda.

En cuanto a eso, a mí me pasó como el cuento del isleño al que le dijeron: "¡Vete para Cuba, que allí los pesos están a la *patá!*". La cosa fue que el hombre llegó aquí, y cuando se bajó del barco se encontró, de casualidad, un peso en la calle y dijo: "¡Ya empezaron a joder los pesos, después tendré tiempo de recogerlos!", y le dio una *patá* y siguió caminando. Al cabo de veinte años, dijo: "¡Coñó, que jíbaros están los pesos, no me encontrado ni uno más!".

Yo digo eso porque pude hacerme rico dos veces y lo desperdicié; este isleño viejo que está aquí pudo tener mucha riqueza, si le hubiera hecho caso a los sueños, pero a mí nunca se me han dado. Cuando joven soñaba con una mujer que me gustaba y nada, cuando iba a cumplir mis planes, ya estaba con otro. Muy distinto era en la realidad, yo era tremendo *relanvío* con las hembras, pero en cuanto a los sueños, todo me fallaba sin remedio.

Ya dije que tenía una sobrina llamada Paulina,

que vivía en Río Abajo, en un sitio por rumbo a Tuinucú, la misma que iba a visitar cuando me salió el muerto del jagüey, que por suerte era una yagua; entonces, un día voy allá de visita y me la encuentro en unas condiciones que no me gustaron nada, dígole: "¡Carajo, tú siempre estás aquí con el carboncito, haciendo que comer a esta gente, te voy a enderezar, coño!", y estuve tres meses en eso, ayudando a la muchachita, pero que un día me acuesto a dormir la siesta en una hamaca de saco, y frente a mí nada más que veía aromales y montes y una cañada que cogía agua cuando llovía mucho y que se estaba *descarnando* poco a poco. Con esa visión empiezo a bostezar y me voy quedando dormido y arranco a soñar que iba por la cañada seca para arriba, *descarná* que daba pena a los dos lados; de pronto, en medio del *reicerío* de las aromas, me encontré una nida llenita de huevos, que tenía debajo una lata con tongas de monedas de todos tipos y valores con caras, números y cruces de distintos tamaños; pero como las gallinas de allí eran de unos haitianos, ni los toqué, porque hasta durmiendo uno debe ser honesto. De todas formas no tuve mucho tiempo de pensar, porque en ese mismo momento me desperté.

Yo digo que la cosa no estaba para mí, *cuando el sombrero llega muy tarde a veces no encuentra su cabeza*, y eso fue lo que me pasó, no halló la mía, si no la del haitiano; da la casualidad, que a los dos días viene el tipo por la casa y le hago el cuento de lo que había soñado y empezó a reírse, yo no sé si todos los haitianos se ríen como ese, pero casi suelta la cajeta de dientes. El muy cabrón, no me dijo ni adiós y mucho menos me contó sus planes; lo que hizo fue que partió directico para donde yo había soñado, que estaba la nida.

Al otro día me enteré de lo que había pasado, porque el muy desgraciado no quería ni decirlo, pero en el campo todo se sabe. Se encontró la nida *miná* de huevos y empezó a escarbar debajo y se halló una lata de aceitunas llenita de piezas de cuarenta kilos y pesetas de plata y ni se dignó regalarme aunque fuera una por agradecimiento; tiempo después, mi sobrina vio una de las monedas y dice que tenía dibujada la cara de un rey español. ¡Hay que fijarse si tendría valor aquel tesoro!, y yo de bobo lo perdí, porque los huevos y la gallina serían del haitiano, pero lo que estaba debajo no tenía dueño. ¡Eso fue el colmo de la *comemierdá*!

La otra vez que pude hacerme rico, fue cuando soñé con un número; esa noche si estaba bien dormido, porque lo vi clarito y mucho rato, hasta creo que lo anoté en mi mente, porque todavía me acuerdo: los terminales eran 635. Dígome por la mañana: "Pancho, vete ahora mismo y cómprate un décimo de la lotería", pero no lo hice, al contrario, salí como un bobo a contárselo al primero que me encontré, y el dichoso fue un gallego que tenía una tienda. El hombre compró su billete y hasta me embulló, pero yo le dije que a mí los sueños no se me daban. El gallego no se hizo millonario porque no lo compró todo, además no le hacía falta porque era rico, pero se ganó un montón de pesos con mi número. Así son las cosas de la vida, cuando eso yo tenía hasta deudas, pero *Dios le da barba a quien no tiene quijá*, o no la necesita, y yo me quedé desplumado como estaba.

Dicen que a la tercera va la vencida, por eso, desde entonces, estoy cazando otro sueño con oro, joyas o dinero, pero no llega, me ha salido de todo, menos eso; ¡ni cambiar la posición de dormir me ha dado resultado! Por esa cuestión yo digo, que la vida me ha demostrado que lo que no está para uno, no está y punto, y por mucho que te empeñes en pensar que lo puedes cambiar, no tiene remedio, y ¡*San Seacabó!*

XX

Estando en La Fragua, a papá y a mamá se les ocurrió poner la finca a mi nombre y al de mi medio hermano Juan, porque decían que ya estaban viejos; como él no era hijo de papá, empezaron los trámites para reconocerlo como legítimo. Cuando eso, el único era yo, porque mamá había perdido una barriga de un par de jimaguas, cuando vivíamos en el sitio de Arroyo Lajas. Yo recuerdo que entonces, la atendió en el aborto, el doctor Camacho[17], que tenía una clínica buena en Cabaiguán, y que después se fue para La Habana y se hizo uno de los médicos isleños más famosos de toda Cuba. A mí me parece que fue el Director de un hospital de mujeres, muy bueno, que había por Marianao.

En ese trajín de la legalización, se pasaron muchísimos meses, hasta que pudieron hacerlo y entonces los dos fuimos herederos; pero total, el viejo tuvo que hipotecarla en ochocientos pesos, una finca que había costado ocho mil, donde habíamos cogido de todo tipo de sembrados y donde la cantidad que se ganaba, se suponía que era para la casa. Pero ya dije que era muy casasola y *botarata*, guardaba todo el dinero de las vegas grandes, no nos daba nada, y yo veía venir lo

---

[17] Doctor Miguel Pérez Camacho, natural de La Palma, Islas Canarias.

peor, porque papá ya no trabajaba. Puso una pareja de partidarios y la cogió con irse con cargamentos de plátanos para Sancti Spíritus; agarraba y preparaba cuatro bestias bien llenas y *ajilaba pa'llá*, por un atajo que se sabía de memoria, y *ojos que te vieron ir*; cuando volvía, a las dos o tres noches, venía *arranca'o* de lo lindo, sin un quilo en el bolsillo. Parece que se envició a la mala vida, porque se echó una querida mulata que era del carajo, y un mal día se apareció un notario, perdimos la finca porque no se pudo pagar la hipoteca y se quedó con ella don Olegario Carbonell, un propietario de Sancti Spíritus, que se había ido cogiendo todas las tierras de aquella zona.

Cuando sucedió esa desgracia, nosotros teníamos los terrenos para ciento y pico mil posturas de tabaco, montados en surquerías, y estábamos esperanzados con eso; pero papá nos ocultó que estábamos en la quiebra y lo perdimos todo, ¡con lo que habíamos *sorriba'o* allí! Eso yo no se lo perdoné, y le dije delante de mamá y de mi hermano Juan: "¡Mire papá, hemos perdido la finca y usted lo que ha hecho es explotarnos, usted no sirve, yo no lo sigo, hasta aquí me explotó porque creía en usted, se acabó, me voy por mi cuenta!"; y me iba a ir de verdad, yo sé que es duro decirle eso a un padre, pero más duro es hacérselo a un hijo, ya tenía veintipico años, y buscarme el futuro era más fácil para mí que *soplar y hacer botellas*.

Papá pensaba arrendar unas tierras por El Bayo, cerca de Miller, y quería llevarme de todas

maneras como partidario, entonces me cayó, di-
ciéndome: "¿Pero, qué vamos a hacer sin ti en
tantas caballerías? Sin embargo, yo estaba decidido a separarme de una vez. Tanto me *chivaron*, que les dije: "¡Mire papá, estoy dispuesto a
ir para El Bayo, pero tiene que hacerme el tras-
paso de todas las cosas y animales que nos quedan, si no soy el responsable y el que tiene que
disponer, no voy; si no acepta, se va sólo!". Entonces se metió mamá y le dijo: "Hazle el papel,
¿qué haces tú sin él?"; al otro día nos fuimos para
Guayos y Baltasar Rodríguez, el alcalde, nos
hizo el papel y puso que yo era el dueño de todo.

El arrendamiento de ocho caballerías de tierra
en EL Bayo era por seis años, pero yo sólo estuve
dos, porque seguí disgustado con papá, por su
botadera de dinero y dije: "¡*Pa'l* carajo!", y vine
solo para La Piedra, en Guayos, como partidario.
Nunca se me ha olvidado que fue el año en que
se cayó Machado, porque había una *agitadera*
del carajo y la gente corría *bolas* en todo el pueblo.

En ese sitio, que era de Abilio Pérez, un isleño
de Tenerife, trabajé bien duro, y estuve nueve
meses sin ir al pueblo, ni visitar a mi familia;
aquello era desde la madrugada hasta la noche,
haciendo cuatro comidas y bañándonos dos veces a la semana, pero cogí cuatrocientos pesos,
sudados con mi frente, que en aquella época
eran un capital. Y hay que ver lo que son las cosas, la verdad es que *Dios aprieta, pero no
ahoga*, porque ese mismo año mi familia perdió
el negocio de El Bayo y tuve que recoger a mis

121

padres y a mi hermano; con mi dinero logré poner un sitio a la cuarta, con uno de los Iznaga, que le decían "El Negro", en un campo de Guayos con rumbo a Tuinicú, y que se llamaba "El Piñal".

Pero ahí no acabaron las desgracias. Lo más malo vino después, porque resultó que papá siguió con sus viajes a Sancti Spíritus y la mulata aquella le pegó una enfermedad, de esas de mujer, que no creía ni en medicinas; se puso muy mal, hasta que lo llevamos para un hospital en Santa Clara.

Mamá también cogió aquello, pero como anduvimos rápido se salvó. A papá lo atendieron lo mejor que se pudo, se le dio terapia, se buscaron recetas hasta en La Habana, pero siguió malo; hubo que operarlo y como la cosa empeoraba, no se nos ocurrió, otro remedio que traerlo para Guayos. Un día, que se veía *chiva'o* de verdad, estaba acostado y se puso a hablar conmigo, y de pronto se le reventó una arteria del pescuezo, que llenó dos orinales de sangre. Así fue como murió papá, don José Pérez, como le decían, un hombre joven, que nada más tenía cincuenta y pico de años; eso debe haber sido por el treinta y pico, ha pasado tanto tiempo, que ya la mente no me acompaña.

El caso de mamá fue diferente, ella vivió más de ochenta años, y estuvo casi siempre, conmigo en Guayos, pero se *encaprichó* en hacerle caso a una mulata que le decían Rafelita y que era curandera; ella la convenció con sus cuentos y con-

sejos, diciéndole que ya había pasado mucho trabajo en su vida y debía estar tranquila su últimos años. Un día, sin más acá, ni más allá, se la
llevó para un asilo en Sancti Spíritus, a donde
íbamos a verla todos los hijos que quedábamos
vivos.

Esa Rafelita era muy conocida en el pueblo de
Guayos, porque tenía fama de curar cantidad de
cosas; por eso la gente la respetaba y le hacía
mucho caso. Una vez, cuando yo tenía una casita
alquilada en una cuartería, se apareció llorando
y diciendo: "¡Ave María, me han matado a mi
hijo!"; entonces nos enteramos que Casillas, el
guardia de Cabaiguán, había matado en Manzanillo, a Jesús Menéndez[18], que era el que defendía a los trabajadores que vivían de la caña y del
tabaco, porque cuando eso los abusos de los ricos
eran tremendos, ¡ver para creer!, como yo digo.
Pero él no era hijo nada de Rafelita, lo que pasaba era que como había estado tanto tiempo en
Guayos, ella se le había encariñado, y lo quería
como a un hijo y *lo defendía como una gata parida*. Si alguien le sabía las *andanzas* y las vueltas que daba Jesús Menéndez, ¡esa era ella! Yo
siempre he dicho que sobre eso hay que escribir
un libro grande, que esté en todas las bibliotecas
y en las escuelas, porque las broncas de los trabajadores de entonces, con los patrones y sus

---

[18] Jesús Menéndez Larrondo, líder nacional del movimiento
obrero azucarero, fue asesinado en Manzanillo, provincia de
Oriente, el 22 de enero de 1948, por el capitán Joaquín Casillas Lumpuy, natural de Cabaiguán.

guatacas, eran calientes de verdad, y ese mulato, que era hasta Representante en El Capitolio de La Habana (18)[19], siempre estaba delante, ¡sin miedo ninguno!

Mamá murió en el asilo de Sancti Spíritus, yo no me acuerdo bien, pero debe haber sido por el año cincuenta, porque ella estaba vieja, pero todavía era una mujer completa; lo que pasó fue que se enfermó y de buenas a primeras, quedó. La pobre, está enterrada en aquel cementerio, papá no, su tumba está en el mismo Guayos.

Gerardo Machado

Jesús Menéndez

---

[19] Inaugurado el 8 de octubre de 1929, fue sede hasta 1959 del Senado y de la Cámara de Representantes de la República, hoy es la sede del Ministerio de la Ciencia, Tecnología y Medio Ambiente.

XXI

Cuando nos estábamos mudando para El Bayo
me busqué a dos monteros, y con mi hermano,
nos llevamos con las bestias, y por un montón de
caminos, el ganado que papá había puesto a mi
nombre; antes no había para eso las facilidades
que se encuentran ahora, con rastras, camiones
y hasta trenes, que es como decir que hay *para
comer y para llevar*; no señor, cuando aquello
había que *ajilar* a caballo, kilómetros y kilómetros, tratando de tener siempre unidas las reses
para que no se te perdiera ninguna. Yo me
acuerdo, como si fuera hoy, que agarramos el camino de La Habana, que estaba cerca de Santa
Lucía, y llegamos hasta Caicaje, el mismo sitio
donde prendieron al General José Miguel Gómez[20]con su tropa, y ahí había un callejoncito
que bajaba por una cañada casi seca, por donde
pudimos entrar a la finca de ocho caballerías,
que había arrendado papá.

Yo me quedé a esperar a los viejos y fui conociendo gente en la zona y cogiendo confianza, y
como siempre fui despierto para las mujeres,
empecé a pasar revista, pero con mucha discre-

---

[20] Presidente de la República desde 1909 hasta 1913, enca-
bezó un alzamiento liberal en 1917, conocido como La Cham-
belona, y fue apresado con sus hombres, en el lugar conocido
por Caicaje, cerca de Placetas, en la antigua provincia de Las
Villas.

ción, porque eso es lo primero que tiene que cuidar un hombre para conquistar una pareja, ser callado y no alardear, porque enseguida caes mal, y empieza la habladera entre ellas y te desprestigian *en una cuarta de tierra*.

Yo había dejado una novia en La Fragua, que me esperó muchísimo tiempo y era muy buena, pero un joven de veintipico de años no podía estar sólo, sin fiestar y bailar, y entonces me fijé en una muchacha que le decían Juanita; cuando la miré la primera vez y reparé bien en ella, me dije: "¡Ave María Pancho, que clase de mujer!", Oigan, porque no era para menos, era un monumento, y tenía una cara lindísima.

No había un guajiro por toda aquella zona que no estuviera detrás de ella, gente de dinero y hacendados, o jornaleros y muertos de hambre, pero como yo era el sitiero nuevo, de moda, que tenía peones, ganado y una pila de caballerías, la muchacha se fijó en mí y se hizo novia mía. ¡Para que fue aquello!, empezaron los hombres a ponerse celosos, a mirarme de reojo y a buscar bronca, pero yo no les hacía caso y caminaba bien empinado, para que me respetaran; cuando uno está en una situación así, lo mejor que hace es no coger miedo. En el campo hay de todo, tierras, animales, cosechas, pero también mucha envidia, y por si acaso, yo me receté algo para el mal de ojos, pero la verdad fue que no me dio resultado ninguno.

Juanita era huérfana de madre y su papá no la dejaba ir sola a ningún lugar, así que cuando había una fiesta, tenía que cargar con el viejo y con la hermana más chiquita. Una noche ella me *convidó* a un baile, que había en casa de una curandera que le decían Manuela, por la zona de Barrabás, y la familia se nos enganchó como siempre; nada más *pegamos* a bailar, empezaron los moscones de la zona a darnos vueltas y a *joder*, con aquello que se usaba de pedirte permiso para bailar con tu muchacha, porque la gente de antes tenía eso, le gustaba bailar con la novia de aquel y ella con el novio de este, y se armaba un *arroz con mango* del carajo. Ahora es diferente, no hay ni que pedir permiso, porque la misma muchacha sale dando vueltas, a sacar a bailar al primero que se encuentre.

Había uno de esos tipos muy echadito *pa'lante*, que parecía un gallo *kiquere* y que me decía: "Tienes que concederme, aunque sea, un pedacito de la pieza"; yo me había negado por completo, pero como vi tanta insistencia y estaba seguro, de lo que yo pensaba que tenía, dígole: "Mira, no tenemos que discutir más, ella es quien va a decidir si baila contigo o conmigo"; y coge el hombre aquel, la agarra por la mano, y ella, muy campante, la *descará*, se pone a dar vueltas. Yo creía que *se me había caído el mundo arriba*, me dio la vergüenza más grande de mi vida, cuando todos aquellos tipos se pusieron a mirarme y a reírse de mí. Y ella bailando como si nada, sin importarle un carajo el ridículo que yo estaba haciendo, delante de toda aquella gente extraña; entonces, me dije: "Pancho, aquí tienes que hacer algo rápido", y me puse a bailar con todas, y dio resultado, porque enseguida se

127

puso celosa y vino a buscarme, pero yo, como si nada.

Cuando me sentí recuperado, dígole, sin que me oyera: "¡Carajo, esto que tú me has hecho yo te lo cobro!"; y así fue, porque cuando salimos a medianoche, se la hice buena. Para ir hasta su casa, había que cruzar una cañada por arriba de un palo, llena de fango y agua, y donde cualquiera se enterraba hasta el pescuezo; yo pasé de primero y encendí un fósforo para que Juanita viera, entonces, cuando estaba en el mismo centro del palo, se lo apagué, se cayó y se atascó hasta arriba de la cintura.

Ella me gritaba oprobios, de cuantos se sabía o se acordaba; yo haciéndome el avergonzado como un artista y pidiéndole disculpas a todos, le dije en voz alta: "¡Qué casualidad que se apagó el dichoso fósforo este, ahora tenemos que comprarte otro vestido nuevo!" Pero en voz baja, después, para mí solito, me dije: "¡Ah, cabrona, ahora sí me la pagaste bien, jódete!" Y no hubo quien me viera más el pelo por su casa.

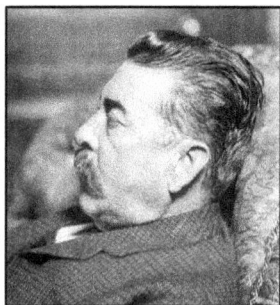

José Miguel Gómez

XXII

La gente siempre está confundiendo a los demás con eso de los güijes; unos dicen que eran
indios chiquitos, con mucho pelo, otros que no,
que eran calvos y sin dientes, algunos porfiaban
que lo que ellos habían visto eran negritos,
¡hasta inventaban cuentos de enanos y enanas!
La verdad es que yo nunca vi un güije, pero si
conocí personas que los tuvieron cerquitica. Santiago, un partidario de La Fragua, vio uno, en
persona, en una poza muy profunda de agua que
tenía el río Tuinucú; ese mediodía, después de
dormir la siesta, fue a darle de beber a la bestia,
y sorprendió a un negrito desnudo, que brillaba
de lo lindo con el sol que le estaba dando en la
espalda; lo descubrió encaramado en una piedra
y se le acercó como a tres o cuatro varas, sin que
lo viera. Nada más que hizo llegar y gritarle:
¡Carajo, te cogí!, el muchacho se tiró de cabeza
al charco y no salió más. Otra vez, por rumbo a
Neiva, en un sitio que hoy le dicen "Saltadero",
porque el río Zaza tiene una cascada, había mu-
chísimas personas de Guayos bañándose en Semana Santa; entonces, vieron a un niño de pelo
largo y sin ropas, salir del agua, sentarse a coger
sombra debajo de unas cañabravas y tirarse al
río, gritando, y perderse. Algunos se jugaban
que era un indito, pero no se pusieron de
acuerdo; cuando viraron para el pueblo, contaron lo que les pasó y luego empezaron los cuentos misteriosos, ahí fue donde yo oí hablar, por

primera vez del "Indio Beltrán".

La historia no es de un güije, sino de un indio bandolero que se dejaba ver por esa parte de allá arriba, rumbo a Potrerillo y Jarahueca, y que venía de Oriente; hace de eso más de doscientos años, pero la gente hablaba de él como si hubiera sido *antier*; lo que les importaba a ellos era el cuento y meterle miedo a los demás.

Contaban que vagabundeaba casi desnudo, con flechas y lanzas, y que después de secuestrar a dos niñas en un sitio de Pedro Barba, había soltado a una y se había quedado con la otra, de seis años; pero él no le hizo daño, la quiso muchísimo y ella también. La verdad es que el cuento decía que él no paró de robar y de matar gente, que todo el mundo estaba horrorizado. Unos contaban que era un fantasma, otros un muerto, y los menos, un mono gigante, y lo perseguían, pero corría tan rápido con la niña en hombros, que de un día a otro lo veían a cien kilómetros de distancia.

Los españoles prometieron una fortuna por su captura y para rescatar a la niña con vida, se formaron cuadrillas y salieron rancheadores solitarios; hasta que casi lo cogen y tuvo que huir sin la muchachita. Dicen que esa criatura se pasaba los días y las noches llorando de dolor y llamando al indio; que no comía, ni rezaba, hasta que se enfermó. Una mañana se despertó muy contenta, dijo que su amigo la había visitado y que le había dicho que la vendría a buscar; pero la cosa fue que ese mismo día, a esa misma hora, lo mataron muy lejos de donde estaba la niña.

Eso fue un misterio, porque nadie en la zona de aquí, vio el cadáver, y la niña se desapareció. Esa es la historia que contaban de ese indio que no fue güije, pero sí bandolero, pero que no hizo ni un *fisquito* de las maldades y hazañas del "Hombre Rojo"[21], porque esa sí fue una historia diferente; ese fue mágico y engañó a todo el mundo, sino, que se lo hubieran preguntado al isleño Malgaro, que fue vecino mío en Guayos, para que vieran lo que les hubiera dicho.

Un día se apareció en la Sierra de las Damas un tipo misterioso llamado Teodoro, que andaba con revólveres y escopetas y le robaba a gente rica como Manuel García, "El Rey de los Campos de Cuba". También se metía en las casas y comía sin permiso de los dueños; verdad que dejaba dinero a cambio, pero aquello cayó mal y le echaron la guardia rural atrás. Entonces empezó a realizar su magia, caminaba por arriba del charco o del río, desaparecía en las cuevas, abría las puertas y ventanas y nadie lo cogía, A Malgaro, por venganza, pues era el que más lo perseguía, le acabó con la casa, le ahorcó una perra y le asustó a los partidarios, que lo abandonaron y lo dejaron sólo. Una noche, le puso veneno al Hombre Rojo en un caldero con arroz y frijoles y cuando vino a comprobar si había dado resultado su truco, se encontró, que en vez de comerse

---

[21] Bandolero legendario en la zona de Guayos y Zaza del Medio, había nacido en la Villa de Mazo, La Palma Canarias, el 7 de diciembre de 1890, emigró a Cuba y murió a manos del Ejército, el 21 de abril de 1935.

la comida envenenada, el tipo se la había dado al gato y se lo tenía, arriba de la mesa de comer, con las patas para arriba.

Una sola vez lo cogieron y pidió agua para tomar, pero en vez de eso, la utilizó para trabajar con su magia y se escapó, sus cosas eran así; otro día les dijo a los guardias que si no se perdían de allí, los iba a matar a todos, y de un tiro le apagó el farol que llevaban; cuando fueron a cogerlo, se había escondido en una cueva misteriosa que nunca nadie se la descubrió.

El "Hombre Rojo" era de La Palma, en Canarias, y según contaban, no le gustó trabajar en el campo y se metió a bandolero, para robarle a los vendedores y otra gente que tenía plata; aprovechaba lo que sabía de magia para sus artimañas y no se dejaba ver por nadie, era tremendo tocando la guitarra y la filarmónica y estaba tan protegido por sus cosas, que ni las maldiciones le hacían daño.

Por el Machadato, se fue para la zona de Zaza del Medio y se cambió el nombre por "Cañambrú"; allí siguió haciendo de las suyas, se metía en las fincas y en las casas de tabaco, azoraba animales de corral y bestias y hasta se apareció en un velorio, para que la gente dejara sólo al muerto. Allí siguieron persiguiéndolo y lo mataron en una cueva, porque la rural no le quiso dar agua. Ya los soldados lo conocían y sabían que su magia funcionaba así; también cuentan, que como mató a un guardia en el tiroteo, los soldados se desquitaron y lo asesinaron a sangre fría. ¡Esa si fue una historia de verdad! No era un güije, ni un aparecido, pero era más resbaladizo que cualquier indio, o que cualquier negrito. ¡Si todavía hay quien dice que los ruidos misteriosos que se oyen por el charco de Las Damas se los deben a él!, y para decir verdad, yo no lo dudo, porque de ese tipo yo creo cualquier cosa.

Manuel Garcia, El Rey de los Campos de Cuba

Pueblo de Zaza del Medio

133

XXIII

Cuando yo estaba en el sitio de El Piñal, allá por Tuinicú, una vez me fajé a tiros con un rabo de nube; cualquiera cree que no, pero eso es una hazaña. Hay guapos que siempre están buscando bronca y enredados en problemas, van a las fiestas o a los bailes a destacarse y se *jartan* de sus heridas y sus historias, y al final, estoy seguro, que si un día se les presenta un reto como ese, frente a los fenómenos terribles de la naturaleza o las fuerzas misteriosas del más allá, se cagan en los pantalones.

Un rabo de nube es algo bárbaro, tremendo, todo está normal y de pronto baja aquella lengua prieta, que no cree en nada, ni en nadie y arrasa un tramo, más o menos de un cordel, que son unas veinticuatro varas; a veces hasta coge dos, y deja un listón de terreno limpio de todo, sin matas, casas, ni cercas y no necesita mucho tiempo, en diez o quince minutos hace un revoltillo del carajo.

Ese día estábamos en primavera y llovía casi todas las tardes; yo iba caminando sólo, medio entretenido, cuando de pronto veo bajar, delante de mí, un rabo negro que daba espanto, todo se oscureció y el agua y el viento llegaron de *sopetón*; entonces, a lo que *atiné* fue a agarrarme de un tronco que tenía cerquita, y a tratar de que no me llevara por la *guardarraya* para abajo, porque eso tiene una fuerza bárbara. Es que los rabos de nubes y las trombas marinas son remolinos malditos, son fenómenos que vienen para hacer el mal o crear el terror entre los inocentes, no tienen compasión y acaban por donde cruzan. Por eso, cuando estaba bien asegurado, *jalé* por mi revólver y le entré a tiros, porque a ese tipo de contrario no se le demuestra miedo y lo que se le debe hacer es matarlo.

La gente estudiada, a veces no sabe lo que conoce el campesino; un rabo de nube no aparece cuando está tronando, por algo será. El secreto es bien sencillo: hasta un guajirito sabe que las detonaciones los destruyen, los desbaratan o los hacen huir. Aquel era de los malos de verdad, pasó por el *linde* que había entre lo de Jiménez y lo mío, y se metió en una poza poco honda, de un arroyo y se chupó toda el agua para el cielo, ¡había que ver cómo la secó! Allí después se podían coger las *maicas* y las truchas facilito.

Para desbaratar un rabo de nube, uno no puede ponerse nervioso, hay que disparar un tiro al aire y decir: "Con dos te miro, con dos te espanto, con la gracia de Dios y el Espíritu Santo", así hasta contar seis veces, eso no falla; cuando acabé el tiroteo y el *reza'o*, ya no había ni rastro del remolino, se desbarató, o *se desapareció como por arte de magia*; a lo mejor se escondió en la nube o se hizo agua. Entonces, todo volvió a la calma y vi unas cuantas matas de maíz en el suelo y unos *ramajos* regados por todas partes, pero si me llega a coger la casa de tabaco, me desgracia, porque me la hubiera *retorcido* o tumbado, y cuando menos, me mojaba la cosecha, y ya las hojas no me servían para nada.

Esa fue mi historia con el rabo de nube aquel, y desde entonces ningún otro se ha atrevido conmigo, y eso que hace muchos años que no ando con revólver; pero las cosas de arriba son como las personas y los animales, que saben aconsejarse, y se dan cuenta del genio que se manda un isleño, con un revólver en la mano.

Rabo de nube (tornado)

XXIV

Cuando yo vivía en la cuartería de Guayos hacía vegas y también trabajaba en las escogidas o despalillos. Un isleño que estuviera en Cuba, y no supiera de todo lo que oliera a tabaco, no había aprovechado su tiempo.

En el momento en que las hojas están fermentadas y listas en la casa de curar, viene el comprador y se las lleva para las escogidas, donde se zafan los matules y se mojan, con esponjas para despalarlas; es una tarea fácil, pero importante, porque se les quita el palo. A veces hay en un taller doscientas o trescientas personas, que hacen un trabajo enorme. Al otro día pasa al salón de apartadura, y cada clase va a su caseta; para que se me entienda, son la capa, la tripa y la capadura, que pasan por las manos, que las ponen en su lugar.

Luego, se hace otra selección según la calidad, y se pasa al engavilleo, que es el amarre de un montoncito de hojas, ahí se cebecea el matul y se le pone una hoja de cara, como si fuera un anillo; las gavillas se fermentan en cajas donde es importante la humedad, en eso se necesita menos gente que en el despale, pero se pueden encontrar cuarenta o cincuenta engavillando, y seis o siete manojeando, lo mismo hombres, que mujeres.

Con cuatro gavillas se hace un manojo, y un tercio lleva unos ochenta manojos, depende de la clase de las hojas, pueden ser más o menos, pero están por ahí, así que son grandes de verdad. Hoy casi nadie manojea, pero eso es un error, porque eso no es, ni un montón chiquito, ni un montón grande, si no uno normal, que puede moverse bien fácil y trabajarse como a cada cual le parezca.

Después de eso, se tienen tongas de manojos y se pasa al enterceo, que es hacer los tercios, donde el tabaco va a dormir otro tiempo, fermentando. En la prensa se ponen cuatro yaguas en una caja, se arma y se ponen doce manojos, luego se mete mano y se hacen camadas, una arriba de otra, hasta tener seis camadas de a doce manojos y se rellena hasta que haga falta; entonces, se cierra el tercio y le mandas la prensa para bajarlo de cuarenta pulgadas a veintinueve, eso se hace para comprimir el físico. Si no se le hace eso, no sirve, y hay que pasarle una *riata* por la cabeza del matul, como un narigón de soga, que recoge la yagua de la cabeza; después se aprieta todo lo que den las manos, y se le da *riata*, otra vez, por el costado, hasta que al final se le pasa la principal, para cuando se vaya a abrir la tercería, no se presente ningún problema.

Después viene el despalillo, que no es otra cosa que quitarle la vena del medio a las hojas, pero con mucho cuidado y maña, porque si se rompen, no sirven, y el trabajo está mal hecho; por eso yo digo que ese *manoseo* está inventado para las mujeres, y si son del campo, mejor. Yo recuerdo a un viejo *enterceador*, que era de lo más machista, y siempre se estaba burlando de las mujeres que *despalillaban*, diciendo que eso era una bobería, una simpleza, hasta que un día lo puse con ellas; ¡pasó tanto trabajo, que después no había quien lo desprendiera de los tercios!

Yo también torcí tabaco, pero para mí fuma particular, yo creo que en mi época todos los isleños fumaban trancas, o cuando menos, en una cachimba, como esta que tengo, desde hace no sé cuántos años.

Hay otro secreto, que me aprendí cuando estaba en todos esos trajines, y es que el rapé, que es lo malo del tabaco, se puede usar como abono, para la tierra. En el taller, se pone en una *zaranda* la picadura y todo lo demás que se recoge, entonces se revuelve a mano y todo lo que no sirve, se va cayendo, y ese es el rapé, que no se debe botar; algunos no le hacen caso, pero eso se mete en sacos y sirve de abono, como si fueran palos de tabaco, que es mucho decir.

XV

Yo era muy largo en eso de cortar tabaco y siempre que podía aprovechaba las oportunidades, porque era un trabajo duro, pero daba su dinero; yo digo que si hoy en día pudiera dedicarme a eso, fuera millonario. Por los años cincuenta, yo le corté dos vegas en la zona de Las Damas a un isleño que le decían Andrés "Valbanera", él se apareció a mi casa y me dijo: "Pancho, la verdad es que a otras cosas del campo yo todavía le meto bien, pero ya estoy un poco viejo para tanta cortadera, así que búsquese otro que le haga pareja y váyase para mi sitio, que yo les pagaré bien". Por eso me le aparecí allá con un cubano, amigo mío, llamado Antoliano, y en el tiempo que le trabajé como jornalero hice alguna confianza con él y con su mujer, porque no tenía más familia y no habían partidarios en su finca; nosotros nos quedábamos a dormir, a veces, en un rancho que se estaba cayendo, y así fue como conocimos la historia de su apodo. Lo primero que quiero decir es que celebraba su cumpleaños dos veces al año, el 30 de noviembre, Día de San Andrés, y el 5 de septiembre, cuando, según él, volvió a nacer.

Cuando era un muchachón de veintipico años se embulló a venir a Cuba, por esa época estaba en su apogeo la guerra en Marruecos[22] y aunque

---

[22] Se extendió entre 1909 y 1927 y miles de jóvenes españoles, entre ellos canarios, se vieron involucrados en ella.

no era ya tan nuevo, le cogió miedo; además, se comentaba que aquí se ganaba mucho dinero fácil, que cualquiera, con un poco de suerte, se hacía de una buena fortuna.

Por esa época, uno de los barcos más famosos era el "Valbanera"[23]; él personalmente me contó que tenía una chimenea grandísima y dos palos más altos todavía, y que cargaba más de mil pasajeros, con camarotes de diferentes precios.

Como no encontró a ningún amigo que se embarcara con él, se decidió a venir sólo y en agosto de 1919, se embarcó en Santa Cruz de La Palma con un billete para La Habana; lo más importante que traía era una carta de recomendación para un comerciante, conocido de un amigo de su papá, porque cuando aquello era bueno que los pichones de isleños vinieran con una garantía, y así procuraban encaminarse.

Nosotros los isleños creemos mucho en los presentimientos y Andrés contaba que el barco iba lleno de gente y carga, y que le parecía que se viraba para un lado, así que cuando llegaron a Santiago se bajó en el puerto, sin saber si se quedaba allí o seguía para La Habana. Él conocía

---

[23] Vapor mixto español de una eslora de 121,9 metros, una manga de 14,6 y un calado de 6,5. Su desplazamiento era de 12,500 toneladas, la velocidad de 12 nudos y su capacidad de transportación de 1,200 pasajeros. Cubría la ruta de España a América, haciendo escala en Canarias y Cuba. El 12 de septiembre de 1919 naufragó, en el lugar conocido por los Bajos de Rebeca, a 30 millas de Cayo Hueso, víctima de la fuerza de un enorme huracán, luego de intentar, infructuosamente, entrar al puerto de La Habana. Fallecieron cuatrocientas ochenta y ocho personas, entre pasajeros y tripulantes.

que para allí iban pocos pasajeros, pero de pronto *pegaron* a bajarse montones de personas, con baúles, maletas y cuanta cosa traían arriba de aquel barco. ¡Qué total!, que allí se bajaron más de la mitad de los viajeros, casi todos isleños, y el puerto parecía un hormiguero, con los policías y los responsables cubanos que parecían unos locos, tratando de *torear* a la mayor cantidad posible de la gente acabadita de llegar.

Por allí había un bar y dentro se encontró unos paisanos que habían bajado ya todo su equipaje y lo embullaron a quedarse en Santiago y a irse en tren, hasta Las Villas. También se acordaba de los contratistas que ofrecían trabajo para hacer carbón y otras cosas, que casi nadie aceptaba, y decían también que en La Habana los iban a meter en el campamento de Triscornia[24], y que no iban a salir más de allí; eso lo hacían, para meterle miedo a los pichones de isleños y que se quedaran a trabajar en Santiago.

Andrés contaba que él, de buscavidas y aventurero no tenía ni un pelo, pero que le vino un presentimiento o una corazonada que era de mala espina, y como no había dejado casi nada que recoger en el barco, no lo pensó dos veces y se fue con ellos. Decía que cuando oyó al barco sonar el pito largo, se quitó el sombrero para saludarlo, y le dijo: "¡Bueno, que te vaya bien!".

---

[24] Lugar donde eran internados los inmigrantes recién llegados a Cuba, y sometidos a una férrea cuarentena. Salir de allí, a veces se convertía en una dificultad, muchos necesitaron la recomendación o la ayuda de personas conocidas o pudientes de la época.

Ese día era 5 de septiembre, por eso dice que es su segundo nacimiento, y que *lo que está para uno, no hay quien se lo quite.*

Se montó en el tren ese mismo día, y al otro ya estaba en la zona de Guayos, donde consiguió trabajo en un sitio, hasta que conoció y se enamoró de una de las "Chivido" que se llamaba Manuela, que era también isleña y que había venido de rumbo a La Larga. Después se casó con ella y se quedó a vivir en La Piedra; todavía ella está viva, porque era mucho más nueva que él.

A él le pusieron Andrés "Valbanera", porque lo salvó la casualidad. Resultó que el barco aquel se desapareció con tremendo misterio, dentro de un ciclón. Cuentan por ahí, porque nadie quedó vivo de los que siguieron, que cuando iba a salvarse en La Habana, con la noche cerrada y con el viento y el agua arriba, los prácticos del puerto le negaron la entrada para que no se *escachara* contra las piedras, y el capitán, que era un muchacho joven, decidió defenderse del temporal, mar afuera.

Pasaron los días, y el barco que había llegado frente al Morro no aparecía, entonces empezaron a llegar noticias de todos los colores y se armó un *estira y encoge* del carajo; hay que imaginarse la tristeza de las familias y de los amigos de esos infelices, con lo que estaba pasando, mucho más cuando encontraron al barco hundido, y todo el mundo desaparecido. Hay que pensar como el mar se quedó con sus secretos, porque allí no se vio a nadie vivo y se decía que los tiburones se los habían comido a todos. ¡Sólo Dios

143

sabe lo que pasó!, Ahí no se salvó nadie, hasta los niños y las mujeres se ahogaron; los únicos que anduvieron con suerte, fueron a los que les dio aquella corazonada de bajarse en Santiago de Cuba, por eso le decían Andrés "Valbanera" y él no se ponía bravo, al contrario, eso era una felicidad, porque gracias a que se había quedado en el puerto, estaba *vivito y coleando*.

Cuando aquello la gente recitaba unas poesías, que eran más largas, pero que yo no me acuerdo bien, lo que sí sé es que nadie sabía quién las había hecho, pero que estaban tremendas, decían así:

"Se ha hundido el Valbanera
barco de tanto valor
con jardines y teatros
y de maravilloso color

De Gran Canaria salió
con rumbo hacia La Habana
con cientos de pasajeros
de todas las islas hermanas

Cuando iba navegando
no se pudo enterar
que en La Habana lo esperaba
un golpe de la traición

Los que en Santiago se quedaron
la suerte los ayudó,
pero los que continuaron
la desgracia le tocó."

Vapor Valbanera

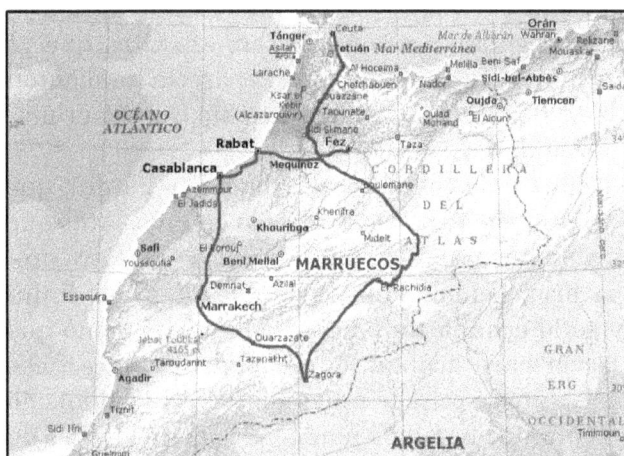

XXVI

Antes había plagas en el tabaco, igual que ahora, pero eran de otro tipo y se acababan con distintos remedios que no fallaban.

La enfermedad que más se veía era la del *coyero*, que era un bichito que caminaba como un gusano y hacía tremendo daño a las vegas; también estaban las plagas de grillos, que por donde pasaban, arrasaban, ¡fíjense, que trozaban la matica *a ras de tierra* y parecía que no había remedio! Pero el humano sabía más, los mataba y atendía el campo, y aquellas maticas agradecidas, *pegaban* a retoñar y servían. Otra que yo recuerdo era la del *pasador*, aparecía un montón de bichos, como el coyero y había que tener mucho cuidado.

Todas esas cosas se mataban con *Verdín*, que era un veneno bárbaro y venía en unas latas que traían una carabela pintada por fuera. Para prepararlo, se molía una harina de maíz bien finita y se le echaba un poquito de aquel veneno que servía para acabar con la plaga; entonces, ese *apreparo* se echaba en una lata vacía del mismo *verdín* y se regaba a mano, a las dos o las tres de la mañana y eso era un tiro, mataba todos los bichos.

Al principio no había *orobanche*, eso apareció después; la primera vez que yo lo vi, fue por el cuarentipico, y lo llevó a casa un sitiero, como un descubrimiento extraño, y dijo; "¡Mira qué cosa más linda da el tabaco!", y como no lo conocíamos y tenía flores, lo pusimos de adorno en una latica, al lado de la tinaja del agua. ¡Solabaya!, Digo tres veces, ¡si me hubiera imaginado lo que iba a pasar!; a los dos años, en el pedazo de tierra donde había aparecido la primera mata, salió una invasión tan grande de aquella cosa, que parecía una sábana.

Lo del *orobanche* va en la tierra; tengan la seguridad, que si yo veo un pedazo de campo arado y digo: "¡Aquí sale!", es porque va a salir. Eso lo hago por experiencia, pero también por una corazonada que siento, un instinto que se me ha desarrollado dentro, porque nada más cojo un puñado de tierra en la mano, y le noto que está ligada con un abono criollo, y digo: "*Aquí hay gato encerrado*", ¡y es verdad! A lo mejor por ahí no se sabe bien, pero a Pancho, este que está aquí, no había orobanche *que le corriera una cuadra.*

Ahora también hay una enfermedad del tabaco malísima, que es el *moho azul* y que llena la mata de pinticas; cuando eso pasa, ya se puede botar la mata, esa no tiene cura. Me parece que el primero que conocí fue por el cincuenta y pico; también está el piojillo, que llena la mata, y que a veces ataca una sola y la que tiene al lado ni la toca; esos son los misterios de la naturaleza. El remedio para eso es el *mafuco*, que es un veneno igual al *Verdín*, y que se usa hoy en día; ese hay que regarlo a máquina para que sirva, y la *humasera* es peligrosa.

Yo lo que no me explico es, ¿por qué ahora, con tantos adelantos modernos y tantos avances en el campo, siguen apareciendo enfermedades tan

147

raras en el tabaco? Algo hay que hacer, a lo mejor se debe volver al *verdín*, que era el terror de las plagas en mi época. ¿No me creen?, hagan la prueba y después me dirán.

A MANERA DE EPÍLOGO:
DE AYER A HOY

Yo, como muchos isleños, no me casé muy joven, pero tampoco tan viejo como otros; tenía
nada más que veintisiete años cuando mi matrimonio, que fue por el 1936, y parece que eso nos
pasaba a casi todos, porque cuando llegábamos
a Cuba, tan jóvenes, nos poníamos a trabajar y
no teníamos tiempo de pensar en serio sobre ese
asunto y formar un hogar. Por esa época ya me
había decidido a poner mi casa en el mismo pueblo de Guayos, pero tenía que buscarme primero
una novia, que quisiera ser mi mujer.

Tantas enamoradas tenía en mi cuenta, sin lograr un compromiso formal, que me fui preocu-
pando por quedarme solterón, porque además,
mamá a cada rato me lo recordaba, con uno de
sus *dicharachos*: "Panchito, *tan tarde llega el
sombrero, que no encuentra su cabeza*". Pero
nada, al poco tiempo le dije: "Mire mamá, *la
tuerca que está pa' uno, viene sola y se engan-
cha*", porque me enamoré de una muchachita cubana, de lo más noble, que no tenía nada de isleña, pero que era de buena familia y muy tra-
bajadora; se llamaba Paulina García Calero, tenía quince años y era de vuelta a Carrillo. Sus
padres se habían cansado de aquella zona y lle-

vaban un tiempo, en una finquita pegada a Guayos.

Yo me casé bien casado, con boda, notario, casa
nueva y luna de miel, aunque tuve que hacer
muchísimos papeles porque era extranjero;
cuando eso había que probar las cosas un montón de veces y buscar testigos que fueran de Canarias y supieran de tu nacimiento. Lo primero
que hice, la verdad que estaba loco por hacerlo,
fue alquilar una casa por cuatro meses, en la
cuartería de Caraballo. Mis suegros se embullaron y enseguida hicieron lo mismo; eso era para
estar al lado de su hija, y como quería ser un
buen yerno se lo permití, siempre con la condi-
ción de estar *juntos, pero no revueltos.*

Siempre quise una boda buena, *sin tirarme el
peo más alto que el culo,* pero que fuera una felicidad y que me hiciera quedar bien; eso, en todos los tiempos, ha sido una cosa seria y así me
salió; ahora eso es un relajo, los jóvenes se casan
como diez veces, y no pasa nada, pero nosotros,
la gente de antes, teníamos otra creencia, el matrimonio era sagrado y la familia, más todavía.
La fiesta que metí fue tan grande, que casi se
cae la cuartería aquella. Tenía lechón asado, cer-
veza, vino, ron y músicos; ese día fueron los amigos y los familiares de los dos y me busqué como
testigos a Arturo Gómez, un político que había
sido alcalde, y a Argelio Ramos, un isleño, partidario de los Morera en La Fragua y nos casó un
notario que le decían "el Niño Palmero". No nos
tiramos ni una foto, porque yo creo que cuando
aquello no se usaba, o porque no me preocupé

por eso, pero Paulina se puso un traje blanco lindísimo, de muy buena tela, y yo uno negro con lazo y todo. El ramo de flores se lo hizo un amigo mío, que vivía en la playa y era muy aparente para eso; en un descuido, la veo tirándolo para el aire y las muchachas solteras revolcándose para agarrarlo, porque eso le daba buena suerte, en los *amoríos*, a la que lo cogiera. Si me hubieran dejado, me da la madrugada, porque aquello estaba rico de verdad, pero como a las ocho o las nueve de la noche, me llamó Arturo, y me dijo: "Ya esto a usted no le conviene, *pinche el mulo* de aquí"; entonces dejé todo el acompañamiento fiesteando y cogí una máquina, que me habían llenado de cacharros viejos para fastidiar y para que todos supieran que éramos recién casados. De todas formas no nos salvamos del baño de arroz que nos tiraron por la cabeza y por la espalda, que era una costumbre bonita de la gente de antes.

Íbamos embullados para un hotel de Sancti Spíritus, porque yo quería pasar la luna de miel con ese lujo, aunque fuera una sola vez en la vida, pero resultó que cuando pasamos por el batey de La Aurora, había un baile *entoleta'o*, nos metimos ahí y estuvimos hasta las cuatro de la madrugada; entonces, yo le dije a mi mujer: "No hacemos nada con ir a gastar dinero al hotel, vámonos para la casa". Y así hicimos y fue una suerte, porque para la primera noche de bodas, no hace falta lujo, si no amor.

Así empezó mi vida de casado, trabajaba en el campo como jornalero y por las noches regresaba

151

a casa a dormir, donde me esperaba mi mujer, que fue una gran esposa y una buena amiga; de esa manera hice algún dinerito para llevar una vida decente, porque yo siempre fui muy largo para trabajar, no sólo en el campo, sino también en talleres, despalillos y escogidas. Después empezaron a llegar los hijos; allí, en aquella cuartería tuvimos los cuatro: Nelsa, que nació por el 1938; Alicia, en 1939; Dagoberto, el único varón, en 1946; y la más chiquita y la que se ha quedado a vivir conmigo toda la vida, Gladys, que nació en 1951. La pobre Paulina no tuvo suerte y murió de cincuenta años, el 16 de abril de 1971, eso no se me ha olvidado nunca; un derrame le inutilizó el lado izquierdo del cuerpo, fue mucho lo que pasó, y estuvo tres años padeciendo de eso, hasta que falleció.

Yo había alquilado la casa en la cuartería de Caraballo por cuatro meses, pero se convirtieron en más de cuarenta años, porque allí nos acomodamos y el tiempo fue pasando más rápido que antes; en el año 1959, me hicieron propietario de donde vivía por la Ley de Reforma Urbana y el Gobierno me dio la escritura de la casa y cuando llegué a la edad, arreglé el retiro, pero seguí trabajando en el campo, por mi cuenta, hasta los setenta y pico de años. Hay que recordar que yo era un hombre duro para eso; por entonces ya era abuelo y con el tiempo fui bisabuelo; hoy tengo diecinueve nietos, diecinueve bisnietos y dos tataranietos, y soy un hombre feliz, aunque me duelen tanto los tendones, por adentro de los huesos, que no me dejan dormir, y de contra, ya estoy ciego, casi completo. Eso es lo único que tengo con mi edad, pero es una molestia grandísima.

Mis hijos se dedicaron a diferentes cosas, pero las dos primeras, Nelsa y Alicia, salieron a mí y siguieron mi camino, porque se embullaron con el ejemplo del padre y se volvieron despaladoras y despalilladoras de tabaco; y la verdad que me salieron muy buenas y trabajadoras; Dagoberto siempre ha sido dirigente de empresas, él ha servido para eso toda la vida, y Gladys, la más chiquita y con la que me quedé viviendo, se la ha pasado como ama de casa, muy pendiente de todo lo mío.

En 1982 nos mudamos para Cabaiguán, para un barrio que me gusta mucho, cerca del parque, y en 1996, después que la periodista Carmen Nieves Luis, del Realejo Alto, me trajo la inscripción de bautizo, fui de visita a Canarias por un mes; ahora, para no olvidarme nunca de mi tierra, voy a menudo a la Sociedad, a donde, a veces vienen gente de allá interesadas por nosotros, los viejos, y a cada rato hablo de mi vida con ellos, que está llena de un montón de recuerdos buenos y malos, que se juntan, como si fueran un manojo de los que tanto conozco, un manojo de tabaco, que es lo que cabe dentro de la mano. Ya me celebraron los noventa años, y todos me consideran y me respetan, porque *más sabe un isleño, por viejo, que por isleño*, porque aunque los que vinimos de allá tenemos historia en este país, al final, los años me han caído arriba aquí, en Cuba, igual que a los montones que vinimos a echar la vida en ella, y que se lo debemos todo, ¡hasta la familia!, Así que le doy las gracias a esta isla, por ser una madre calmosa, sin miramientos de ningún tipo con el tiempo, porque en mi caso me ha aguantado ochenta y cinco años, y creo que me va a aguantar también, los que me quedan. Sinceramente, espero que nadie se atreva a contradecirme, porque yo tengo toda la razón.

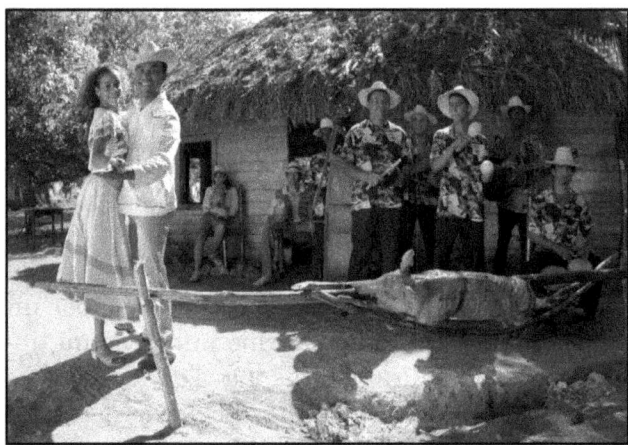

Glosario

A

Asiscado: Asustado

Aspavientosos: Alardosos

A prima: A primera hora

Apariado: Junto

Alpaca: Mamífero rumiante de América, con cuyo pelo se fabrica tela.

A viaje: Completo

Atencionaba: Poner atención

Alante: Delante

A más no poder: Todo lo que se pueda

Apenitas- Tan pronto

Apega'o: (apegado) Unido

Aroma: Arbusto dañino, conocido también como marabú.

Atinaba: Hacía

Apreparos: Objetos preparados

Arrenga'os: (arrengados) Jorobados

Acotejó: Arregló

Ajilaba: Caminaba

Arranca'o: (arrancado) Sin dinero

Andanzas: Cosas pasadas

Antier: Antes de ayer

Amoríos: Amores

Arroz con mango: Enredo

Al quilo: Exactamente

Alegadoras: Habladoras

B

Bulla: Ruido
Botarata: Gastador, despilfarrador
Braza'os: (brazados) Cantidad de tabaco que cabe desde la mano al hombro
Bolas: Cuentos falsos

C

Casasola: Egoista
Cujia'o: (cujiado) Experimentado
Chicharreros: Nacidos en Tenerife, Islas Canarias.
Canariones: Nacidos en Gran Canaria, Islas Canarias.
Correillos: Barcos pequeños que viajaban entre las islas del Archipiélago Canario.
Chincha: (chinche) Insecto que se cría en las camas y en las casas viejas, chupa sangre
Cujazos: Golpes con una rama
Contentura: Alegría
Cuquearan: Provocaran
Cansera: Cansancio
Cañaones: Cañadas
Chulo: Gracioso
Culeco: Muy contento
Cacho: Pedazo
Contentura: Alegría
Carijo: Carajo
Campante: Tranquilo
Cogollito: Retoño pequeño.
Comemierdá: Estupidez
Chivaron: Fastidiaron
Chiva'o: (chivado) Enfermo

Convidó: Invitó
Cuartería: Grupos de casas de vecindad

D

Dar del cuerpo: Defecar
Desmelena'o: (desmelenado) Rápido
Dormidera: (adormidera) Planta papaverácea con propiedades somníferas
Descargar: Defecar
Descarná: (descarnada) Rebajada
Despale: Acción de quitar el palo a la hoja de tabaco
Despalillar: Acción de retirar la vena central a las hojas de tabaco
Desguazaran: Despedazaran
Dicharachos: Dichos

E

Enfilé: Caminé en una dirección determinada
Esternón: Hueso plano del pecho, con el cual se articulan las costillas.
Entendederas: cerebro
Escarranchaba: Abría las piernas
Engurruñan: Arrugan
Enchumbada: Empapada
Estudia'o: (estudiado) Culto
Encarnó: Tomó carne humana lo divino
Entrometía: (entrometida) Metida
Entieza'os: (entiezados) Paralizados
Espumarajos: Saliva que arroja una persona por la boca
Enclenques: Enfermizos y débiles.
Encaprichó: Antojó

157

Echadito pa'lante: Decidido
Engavillar: Hacer un mazo de hojas de tabaco
Enterciar: Hacer tercios de tabaco
Escachara: Rompiera
Ensarte: Objetos pasados por un hilo
Estira y encoge: Para un lado y para el otro
Entoleta'o: (entoletado) Muy bueno
Entena'o: (entenado) Hijo de la esposa

F
Fandango :Problema
Fotuto: Caracol marino, con un orificio en la parte posterior, utlizado para producir sonidos.
Fotingo: Carro antiguo
Fastidiar: Romper
Fisquito: Pedacito

G
Guataqueadera: Acción de guataquear
Gofio: Harina de trigo o maíz tostados.
Guardarraya: Borde de un campo sembrado
H
Humasera: Humareda

I
Imaginarios: Imaginativos
Indito: Indio pequeño

J
Jartera: (hartera) Acción de saciar el apetito
Jornalero: Obrero agrícola que recibe un jornal
Janazo: Golpe
Jalan: (halan) echarse

Jarana: Maldad o juego
Jurando: Haciendo un hueco
Joder: Fastidiar

K
Kiquere: (kiquiri) Gallo pequeño

L
Lelo: Embobecido
Linde: Límite

M
Mafuco: Pesticida contra el tabaco
Maica: Pez de agua dulce
Mangaba: Engañaba
Manojo: Conjunto de objetos del mismo tipo, que se cogen de una vez con la mano
Manojear: Hacer manojos
Maña: Costumbre
Mentado: Conocido
Miná:(minada) Llena
Mismitico: Mismo
Mordisqueo: Mordió

N
Naci'o: (nacido) Forúnculo
Ni a jodía: Por nada del mundo

Ñ
Ñoño: Malcriado

P
Parqueado: Aparcado

Partidario: El que trabaja la tierra a partes
Patá: Patada
Patitieso: Asombrado
Pensatible: Pensativo
Peje: Pez
Peleando como con un condena'o: Peleando mucho
Prendi'o: (prendido) Hizo algo
Pegué: Comencé
Perdi'o: Perdido
Principié: Empecé
Podrir: Digerir durmiendo
Pus: Humor espeso, amarillento, segregado por una infección

Q
Quilo: Moneda pequeña, de poco valor
Quijá: Quijada

R
Ramajos: Ramas
Rancheadores: Cazadores de negros esclavos fugitivos
Redondito: Desfallecido
Registrón: Gusta de registrar
Reicerío: Conjunto de raíces
Repartidera: Acción de repartir algo
Relanvío: (relamido) Descarado
Reza'o: Rezado
Retorcido: Torcido
Retorcijones: Dolores de barriga
Reverona: Voltereta
Riata: Soga

Roceta: Mancha roja
Rompío: Roto
S
Sajornado: Irritado
Santaridad: Santidad
San Seacabó: Se terminó
Siesta: Sueño después de almuerzo
Sitiero: El que trabaja un sitio agrícola
Sopetón: De pronto
Sorriba'o: (sorribado) Surcado

T
*Tareco:*Trasto
Terrero: Círculo de tierra donde se practica la lucha canaria.
Topó: Encontró
Tontera: Mareo
*Torear:*Controlar
V
*Veguerío:*Vega
Vejigo: Niño
*Verijas:*Entre las piernas
Verdín: Antigua marca de pesticidas contra plagas del tabaco
Vueltabajo: Provincia cubana de Pinar del Río, situada en la parte más occidental del país

Z
Zanca: Detrás
Zaranda: Colador
*Zoncera:*Bobera

MARIO LUIS LÓPEZ ISLA

BIBLIOGRAFÍA

- Concepción, José Luis. "Diccionario Enciclopédico De Canarias *Pueblo a Pueblo*", 1996. Asociación Cultural de las Islas Canarias. Islas Canarias. España.
- De la Guardia Hernández, Miguel. "Fortalezas, mansiones e iglesias de La Habana colonial", 1994. Publicigraf. La Habana. Cuba.
- "GRIJALBO, Gran Diccionario Enciclopédico Ilustrado", 1998. Litografía Rosés. Barcelona. España.
- López Isla, Mario Luis. "La aventura del tabaco. Los canarios en Cuba". 1998. Centro de la Cultura Popular Canaria, Viceconsejería de Relaciones Institucionales del Gobierno de Canarias. Tenerife. Islas Canarias. España.
- Padrón, Pedro Luis. "¡Qué república era aquella!", 1986. Editorial de Ciencias Sociales. La Habana. Cuba.
- "Pequeño Larousse Ilustrado", 1968. Edición Revolucionaria. Instituto del Libro. La Habana. Cuba

MARIO LUIS LÓPEZ ISLA

Editorial Letra Viva©

2013

Postal Office Box 14-0253
Coral Gables, FL 33114-0253

www.ingramcontent.com/pod-product-compliance
Lightning Source LLC
Chambersburg PA
CBHW050126280326
41933CB00010B/1268